AF316123

NOUVELLE BIBLIOTHÈQUE
DES ÉCOLES DE L'INDOCHINE FRANÇAISE

fondée par HENRI RUSSIER, docteur ès lettres.

COLLABORATEURS :

Albert BARBOTIN, ingénieur des Arts et Manufactures, directeur de l'Ecole Professionnelle de Hanoi ;

Paul BAUDET, professeur au Collège Chasseloup-Laubat, Saigon ;

Paul BRAEMER, directeur du Jardin botanique de Hanoi ;

Georges CORDIER, directeur des Ecoles de Yunnanfou (Chine) ;

François DACHARY, professeur au Collège Chasseloup-Laubat, Saigon ;

Gabriel DAYDÉ, directeur du Collège Quôc-hoc à Hué ;

Ðô-THẬN, auteur des « Premières Lectures Morales » ;

Ph. EBERHARDT, docteur ès sciences, chef du service des Affaires économiques de l'Indochine ;

Louis GIRERD, directeur de l'Ecole de Baria (Cochinchine) ;

André JOYEUX, inspecteur des Ecoles d'art indigène en Cochinchine ;

Henri LIBERSART, directeur de l'Ecole de Takeo (Cambodge) ;

Henri LE BRIS, directeur de l'Ecole de Thua-thiên (Hué) ;

Louis MANIPOUD, directeur de l'Ecole de Kompong-cham (Cambodge) ;

Charles B. MAYBON, directeur de l'Ecole française de Changhai ;

Octave MOREL, professeur à l'Ecole normale de Gia-dinh ;

Cyprien MUS, directeur de l'Enseignement primaire au Tonkin ;

Joseph NÉGRIGNAT, professeur à l'Ecole normale de Gia-dinh;

NGINN, instituteur au Laos ;

HUỲNH-VĂN-NINH, instituteur, Direction de l'Enseignement, Saigon ;

Henri PRÊTRE, chef du Service de l'Enseignement en Cochinchine ;

Capitaine Paul RÉGNIER, de l'Infanterie coloniale ;

Célestin TAFFORIN, directeur des écoles de Vientiane ;

KHAO-KOU, instituteur au Laos.

LECTURES SUR L'HISTOIRE D'ANNAM

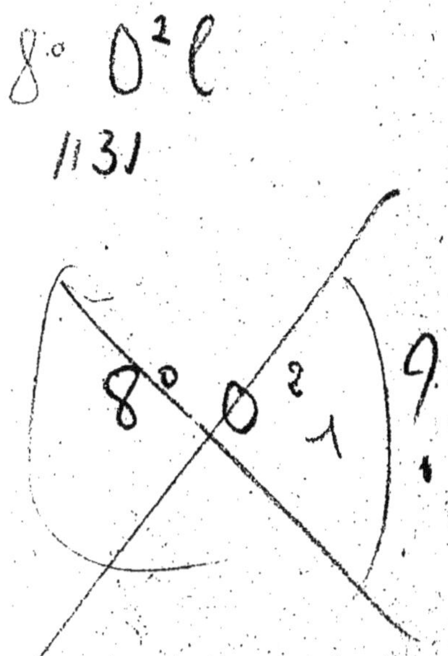

Suivi de : 1/ 8 ff. mss. de Claudius Madrolle sur différents ouvrages de Charles B. Maybon, destinés aux "bibliographies" de la revue la Géographie ; 2/ Un accusé de réception de Stanislas Reizler, secrétaire de la Société de Géographie ; 3/ une lettre autographe de l'auteur des "Lectures sur l'Annam" [Charles-B. Maybon], à Claudius Madrolle

Portrait de S. M. Khải-định.

NOUVELLE BIBLIOTHÈQUE
DES ÉCOLES DE L'INDOCHINE FRANÇAISE
publiée sous la direction de **HENRI RUSSIER**, docteur ès lettres.

LECTURES

SUR

L'HISTOIRE D'ANNAM

DEPUIS L'AVÈNEMENT DES LÊ

SUIVIES DE

NOTIONS ÉLÉMENTAIRES D'ADMINISTRATION

PAR

Charles B-MAYBON   et   **Henri RUSSIER**
Directeur de l'Ecole française   *Inspecteur de l'Enseignement*
de Changhaï.   *en Indochine.*

Troisième édition

9ᵉ mille.

HANOI

IMPRIMERIE D'EXTRÊME-ORIENT
—
1919

AUX INSTITUTEURS

DES ÉCOLES FRANCO-ANNAMITES

C'est pour vous et pour vos élèves que ce petit livre a été écrit.

Il n'a d'autre but que de vous permettre d'enseigner simplement et clairement l'Histoire d'Annam en même temps que quelques notions très élémentaires d'administration.

Vous vous servirez de ce livre comme livre de lectures.

Le texte en a été rédigé avec autant de simplicité que possible mais il se peut que vos élèves ne connaissent pas certains mots ou ignorent le sens de certaines expressions : ne manquez jamais de les leur expliquer, et n'hésitez pas à vous adresser à vos directeurs ou inspecteurs français chaque fois que vous aurez besoin d'un éclaircissement complémentaire.

Chaque lecture est accompagnée de questions destinées à faire causer vos élèves. Ces questions ne sont données qu'à titre d'indication. Vous ne devez pas vous interdire d'en poser d'autres. Bien au contraire, il faut vous assurer, par de multiples interrogations soit sur le sens des mots, soit sur le sens des phrases, que vos élèves comprennent parfaitement tout ce qu'ils lisent. C'est par la lecture expliquée suivie de conversation que vous devez enseigner l'histoire.

Il sera nécessaire aussi que vous fassiez souvent des revisions en interrogeant vos élèves sur un ou plusieurs chapitres déjà étudiés. En effet, sans revisions fréquentes, l'enseignement de l'histoire risque d'être sans profit, car on n'en retient que des noms ou des faits isolés dont on ne voit ni le rapport ni l'enchaînement et que, par suite, on ne peut ni comprendre ni expliquer.

N'oubliez jamais ces préceptes si vous voulez que votre enseignement soit vivant et fécond.

Vous remarquerez, en tête du livre, la chronologie des souverains annamites depuis l'avènement des Lê. C'est un guide auquel les élèves devront se reporter pour savoir quand régna tel souverain et quel fut son prédécesseur ou son successeur. Il ne faut pas qu'ils apprennent cette chronologie par cœur (1).

Ces lectures d'histoire sont suivies de quelques notions d'administration encore très sommaires, mais qui feront l'objet, dans une édition ultérieure de développements plus importants (2).

S. M. Khải-Định a bien voulu nous autoriser à publier sa photographie (3) à la suite du portrait de deux autres hommes, Mgr. Pigneau de Behaine, évêque d'Adran, et Paul Bert, — qui ont consacré toutes leurs forces à l'union du pays d'Annam avec la France. Nous La prions d'agréer l'expression de notre respectueuse gratitude pour la marque si précieuse d'intérêt dont Elle honore ainsi notre modeste travail.

---

(1) Nous l'avons établie à l'aide du *Tableau chronologique des dynasties annamites* publié par le P. Cadière dans le *Bulletin de l'Ecole française d'Extrême-Orient* (1905). Nous sommes heureux à cette occasion, d'exprimer notre reconnaissance au P. Cadière pour tout ce que notre petit livre doit à ses savants travaux.

(2) Dès à présent nous remercions bien vivement M. Laborde, administrateur des Services civils, délégué au Ministère des Finances, d'avoir consenti à nous fournir une partie des éléments de ces dernières leçons.

(3) Prise par M. Daydé, directeur du collège Quôc-học, qui a bien voulu nous communiquer son cliché ; qu'il en soit cordialement remercié.

1. — Tableau chronologique des Lê, des Nguyễn et des Trịnh
(de 1428 à 1556-1558)

1. Lê-Lợi ou Lê Thái-Tô (1428-1433

Lê Thái-Tôn
2ᵉ fils de Lê Thái-Tô
(1433-1442)

Lê-Trừ
frère aîné de
Lê Thái-Tô

2. Lê Nhon-Tôn
3ᵉ fils de
Lê Thái-Tôn
(1442-1459)

3. Lê Nghi-Dân
(usurpateur)
1ᵉ fils de
Lê Thái-Tôn
(1459-1460)

4. Lê Thánh-Tôn
4ᵉ fils de
Lê Thái-Tôn
(1460-1497)
prend pour épouse principale la fille de

Nguyễn Đức-Trung

5. Lê Hiên-Tôn
2ᵉ fils de
Lê Thánh-Tôn
(1497 1504)

Tân
5ᵉ fils de
Lê Thánh-Tôn

6. Lê Tuc-Tôn
3ᵉ fils de
Lê Hiên-Tôn
1504

7. Lê Uy-Mục-Đê
2ᵉ fils de
Lê Hiên-Tôn
(1504-1509)

8. Lê Thương-Dực-Đê
2ᵉ fils de
Tân
(1509-1516)

Nguyễn Văn-Lang

Période de troubles (1516-1518)

9. Lê Chiêu-Tôn
arrière-petit-fils de
Lê Thánh-Tôn
(1516-1522)

10. Lê Hoàng-Đê-Xuân
frère cadet de
Lê Chiêu-Tôn
(1522-1527)

Nguyễn Hoàng-Dụ

Usurpation des Mạc (1527-1533)

11. Lê Trang-Tôn
fils de
Lê Chiêu-Tôn
(1533-1548)

Nguyễn Kim
mort en 1545

12. Lê Trung-Tôn
frère aîné de
Lê Trang-Tôn
(1548-1556)

sa fille épouse
Trịnh Kiêm
(1539-1569)

13. Lê Anh-Tôn
(1556-1573)

Nguyễn-Hoàng
(1558-1613)

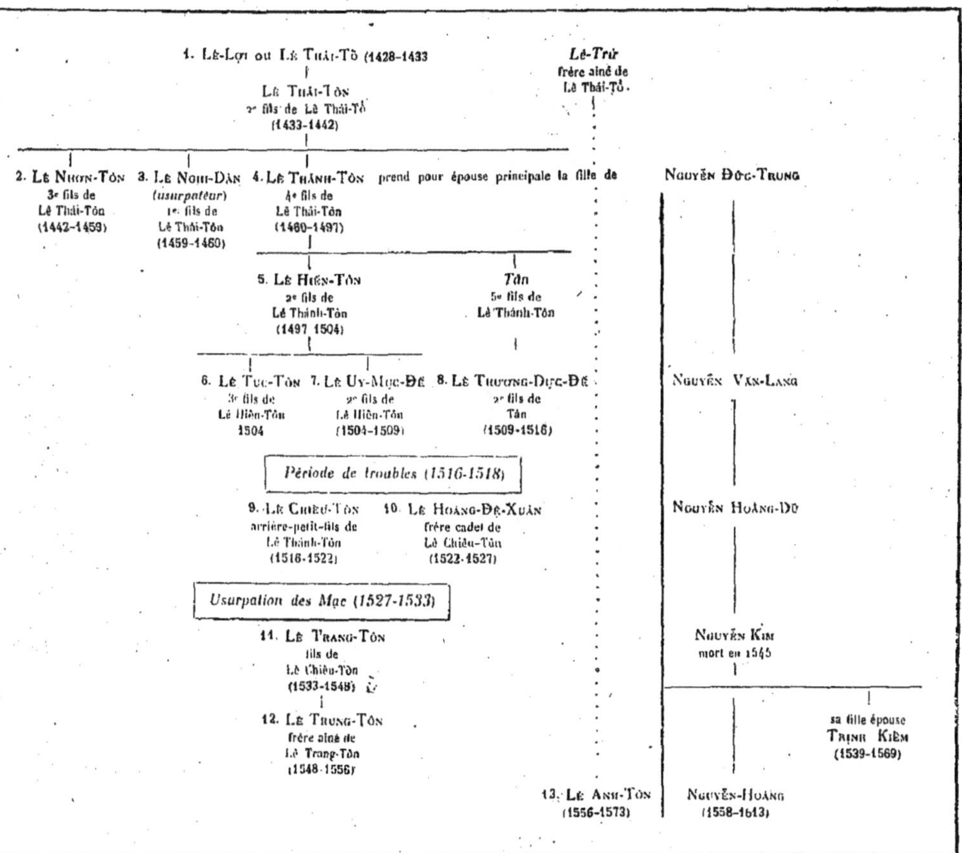

II. — **Tableau chronologique des Lê, des Nguyễn et des Trịnh**
(de 1556-1558 à la révolte des Tây-sơn)

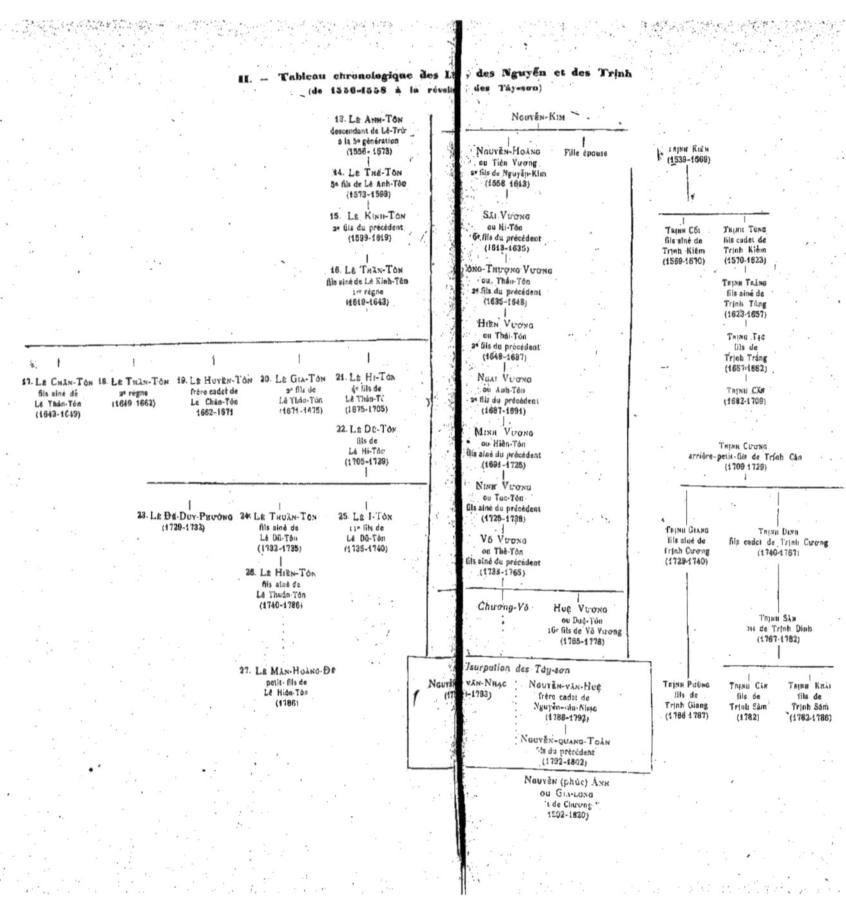

III. — Tableau chronologique des Nguyễn
(de Gia-Long à S. M. Khải-Định)

1. NGUYỄN (phúc) ẢNH ou GIA-LONG
3e fils de Chưong-Võ
(1802-1820)

2. MINH-MẠNG
4e fils du précédent
(1820-1840)

3. THIỆU-TRỊ
fils du précédent
(1841-1847)

4. TỰ-ĐỨC
(1848-1883)

Thoại-thái-Vương
4e fils de Thiệu-Trị

6. HIỆP-HÒA
29e fils de Thiệu-Trị
(1883)

Kiển-thái-Vương
26e fils de Thiệu-Trị

5. DỤC-ĐỨC
Neveu de Tự-đức
(1883)

10. THÀNH-THÁI
(1889-1907)

11. DUY-TÂN
5e fils du précédent
(1907-1916)

7. KIẾN-PHÚC
(1883-1884)

8 HÀM-NGHI
(1884-1885)

9. ĐỒNG-KHÁNH
frère aîné de Hàm-nghi
(1885-1889)

12. KHẢI-ĐỊNH
fils de Đồng-Khánh
intronisé le 17 mai 1916

INTRODUCTION

1. Les origines. — 2. La domination chinoise. — 3. Les dynasties nationales jusqu'à l'avènement des Lê.

---

1. — L'histoire d'Annam, telle que l'ont retracée pour la première fois des auteurs annamites relativement récents, comporte à ses débuts une longue période légendaire et une courte période semi-historique. La première est celle de la *dynastie des Hông-Bàng* ; elle aurait duré vingt-six siècles. La seconde est celle de la *dynastie Thục* dont l'unique souverain aurait régné cinquante ans, de 257 à 208 av. J.-C. Avec la chute de ce souverain, *An-Dương*, nous entrons dans la période historique ; son vainqueur fut le général chinois *Triệu-Đà* dont l'histoire nous est contée par des auteurs chinois qui furent à peu près ses contemporains. La *dynastie des Triệu* qu'il fonda ne peut guère être considérée comme une dynastie nationale ; elle compte cinq souverains (ayant régné de 207 à 111 av. J.-C) et se termine avec la conquête du pays par l'Empire chinois.

2. — Alors commence la *domination chinoise*. Le pays qui s'appelait alors les *Việt du Sud*, reçoit le nom de *Giao-chi*. On admet généralement que le joug chinois pesa sur le pays d'Annam pendant un millier d'années (111 av. J.-C. — 939 ap. J.-C.); mais le peuple d'Annam, tout en se façonnant à la civilisation du conquérant, réussit quelquefois à se libérer pour de brèves périodes. Ainsi les sœurs *Trưng-Trác* et *Trưng-Nhị* tinrent en échec les armées chinoises pendant quelques mois, et cinq cents ans plus tard, *Lí Bôn* fonda la *dynastie des Lí antérieurs* (544-602). Mais le pays ne recouvra définitivement son indépendance qu'avec *Ngô Quyên*, qui, selon l'expression d'un historien annamite, « donna l'essor aux dynasties nationales ».

3. — Les trois premières de ces dynasties nationales, les *Ngô*, les *Đinh* et les *Lê antérieurs*, ne règnent guère que soixante-dix ans. Mais, en **1009**, un dignitaire de la cour des Lê reçoit la couronne, et fonde la première des grandes dynasties annamites, celle des *Lí postérieurs* qui dure 216 ans (**1009-1226**). Les hauts faits militaires dominent dans son histoire. L'Annam paraît avoir été à cette époque une puissance militaire de premier ordre ; respecté de la Chine, des Chams, des Cambodgiens, des Malais, des peuplades barbares du Nord-Ouest et du Sud, il avait réalisé son unité politique. Mais son organisation administrative n'était qu'ébauchée ; elle devait se préciser et se compléter plus tard, sous les *Trân* et sous les *Lê.*

La première de ces dynasties exerça le pouvoir de 1226 à 1414, sauf un intervalle de sept ans occupé par la *dynastie usurpatrice des Hô* (**1400-1407**). La première partie du règne des Trân est remplie presque tout entière par les guerres contre les Mongols et les Chams. Les armées mongoles envahirent l'Annam en **1257** et y firent plusieurs expéditions ; les hostilités ne prirent fin que par la mort de Khoubilaï en **1294**. Quant aux Chams, ils ne cessèrent pas d'être des voisins turbulents et belliqueux ; malgré de cruelles défaites, ils se montraient sans cesse prêts à piller et à se battre.

Bien que les événements militaires paraissent tenir la place la plus importante dans l'histoire de cette dynastie, les Trân donnèrent cependant maintes preuves de leur désir de fonder sur de solides bases l'organisation du royaume ; certains d'entre eux ont été d'excellents administrateurs.

Le dernier souverain de cette dynastie mourut bravement en **1414**, après quatre ans de luttes acharnées contre les Chinois, qui réussirent alors à imposer de nouveau leur domination sur l'Annam. Mais elle ne fut pas de longue durée. Dès **1418**, un Annamite de la province du Thanh-hóa, nommé *Lê Lợi*, entreprit de délivrer son pays du joug des Chinois. Au bout de huit années, les Chinois se lassèrent de guerroyer dans un pays étranger dont le climat occasionnait parmi les troupes des maladies continuelles. En **1428**, l'Empereur Siuan-tö, cédant à des conseillers partisans de la paix, fit porter le brevet d'investiture à un nommé *Trân Cǎo*, désigné par Lê Lợi comme descendant des Trân. Peu de temps après, le calme étant rétabli dans le pays, les grands dignitaires de la Cour prièrent Lê Lợi de monter sur le trône.

Lê Lợi, fondateur de la *dynastie des Lê postérieurs*, se proclama empereur ; son nom rituel fut *Thái-Tô*.

QUESTIONS. *1. — Quand commence la période historique de l'histoire d'Annnm ? De quelle manière fut fondée la dynastie des Triệu ? Comment se termina-t-elle ?*

2. — Combien de temps dura la domination chinoise ? Fut-elle continue ? Quand le pays redevint-il indépendant ?

3. — Quelles furent les trois premières dynasties nationales ? Que fut l'Annam sous la dynastie des Lí postérieurs ? Quand son organisation se compléta-t-elle ? Combien dura la dynastie des Trăn ? Les événements militaires furent-ils seuls importants sous cette dynastie ? La seconde domination chinoise fut-elle de longue durée ? Comment Lê Lợi établit-il une nouvelle dynastie ?

PREMIÈRE PARTIE

1. — L'ANNAM SOUS LA DYNASTIE DES LÊ

---

1. — Lê Thánh-Tôn (1460-1497). — La dynastie des Lê est une des plus importantes. Elle a duré près de 400 ans ; mais elle n'a vraiment exercé le pouvoir que pendant une centaine d'années. A partir du seizième siècle son autorité s'efface et passe aux mains de quelques puissantes familles féodales, les *Mac*, les *Trinh*, les *Nguyên*.

Neuf souverains se succèdent de 1428 à 1527, et toute cette première partie de l'histoire de la dynastie est faite d'événements importants. L'indépendance, gagnée par plusieurs années de luttes sans merci, est définitive ; le pays est désormais affranchi du joug de la Chine. Le peuple annamite conservera tout ce qu'il a reçu de l'empire suzerain, les caractères, la littérature, la religion, certaines institutions et toute sa formation intellectuelle ; mais son indépendance politique est réelle et sera durable.

C'est surtout à partir du gouvernement du fils de Lê Lợi, *Lê Thánh-Tôn* (1460-1497), que les réformes les plus importantes furent réalisées ; ce prince, en même temps qu'un grand conquérant, fut un très habile administrateur, et l'on peut dire que l'organisation du royaume date en fait de son long règne.

« Il avait, dit l'Annaliste, une nature bonne et élevée comme le Ciel, une intelligence profonde, lumineuse ; fort et puissant, il avait un esprit grand et sublime ; il était habile dans les lettres et passé maître dans le métier des armes ; et avec cela, il était toujours actif, étudiant, travaillant avec les plus savants du royaume. » (CADIÈRE, *Résumé de l'histoire d'Annam.*)

2. — RÉFORMES ADMINISTRATIVES ET LÉGISLATIVES. — Sous Lê Thánh-Tôn, le pays fut divisé en 13 *đạo* ou provinces (1), comprenant 52 préfectures, 178 sous-préfectures, 6.851 communes. Les gouverneurs durent faire dresser la carte de leurs provinces, et une carte générale du royaume fut établie. Les fonctionnaires furent choisis parmi les lauréats des concours ; leur situation fut améliorée ; des peines furent prévues pour les fonctionnaires prévaricateurs ; des inspecteurs furent nommés qui devaient parcourir les provinces et adresser leurs rapports au souverain ; des juges provinciaux furent établis. Un tribunal des censeurs constituait le rouage intermédiaire entre les services provinciaux et le souverain ; il avait des fonctions de direction et de contrôle administratif et judiciaire.

Lê Thánh-Tôn établit aussi à la Cour, en 1465, six ministères appelés *bộ* ou *viện* : le ministère des Emplois civils, le ministère des Finances, le ministère des Rites, le ministère de la Guerre, le ministère de la Justice et le ministère des Travaux ; chaque ministère fut doublé d'un bureau correspondant. A la tête d'un ministère se trouvaient un président, *thượng-thư*, et deux assistants, *thị-lang*, l'un de droite et l'autre de gauche.

Cette organisation fut conservée sans changement notable, pendant toute la dynastie des Lê.

L'œuvre législative des Lê fut considérable; un code fut promulgué, désigné sous le nom de *Code Hồng-đức*, du nom de la période (1470-1497) qui le vit paraître ; il déterminait avec précision les peines appliquées aux divers délits ou crimes. C'est encore sous le long règne de Lê Thánh-Tôn que furent promulguées de nombreu-

---

(1) Voici la liste de ces provinces ; les noms entre parenthèses indiquent les divisions modernes approximativement correspondantes : 1o Nghệ-an (Hà-tĩnh et Quảng-bình Nord) ; 2o Thanh-hóa ; 3o Sơn-nam (Hà-nội, Nam-định et Hưng-yên) ; 4o Sơn-tây (Sơn-tây, Vinh-yên, Việt-trì) ; 5o Kim-bắc (Bắc-ninh) ; 6° Hải-dương ; 7o Thái-nguyên ; 8o Tuyên-quang ; 9o Hưng-hóa ; 10o Lang-sơn : 11o Yên-bang (Quảng-yên) ; 12o Thuận-hóa (Quảng-bình Sud, Quảng-trị, Thừa-thiên et une partie du Quảng-nam) ; 13o Quảng-nam (partie du Quảng-nam et Quảng-ngãi).

ses lois relatives aux successions, aux testaments, aux contrats. Après ce souverain, on ne trouve guère plus de textes sur le droit civil proprement dit ; les recueils des actes des règnes postérieurs contiennent surtout des lois administratives.

3. — RÉFORMES FINANCIÈRES. — Les premiers souverains se préoccupèrent d'améliorer la situation financière du pays appauvri par des luttes incessantes, les pillages et tous les excès qui s'ensuivent. Les rôles des familles furent révisés, et il fut décidé que la révision aurait lieu régulièrement de 6 en 6 ans. Aux époques déterminées, les fonctionnaires des préfectures et des sous-préfectures réunissaient les fonctionnaires communaux (*xã-quan*, appelés plus tard *xã-trưởng*) qui devaient se rendre à la capitale pour faire inscrire les noms et le nombre des individus composant les familles de leurs villages. Mais, sous Lê Thánh-Tôn, on établit la règle qu'il serait procédé tous les trois ans à la confection des rôles des familles, opération désignée sous le nom de « petit règlement » ; le recensement opéré tous les six ans fut appelé « grand règlement ». De grandes commissions étaient envoyées dans les provinces pour procéder aux opérations du recensement et de l'établissement des rôles. Les habitants étaient divisés (en dehors des vieillards exemptés et des dispensés pour cause d'études) en 6 catégories : robustes ou soldats, *cháng* ou *lính hạng* ; militaires, *quân hạng* ; habitants, *dân hạng* ; vieillards, *lão hạng* ; mercenaires, *cố hạng* ; indigents *cùng hạng*.

Le principe fondamental du système fut le suivant : établissement des rôles d'après le chiffre réel des inscrits, et détermination de l'impôt personnel d'après la catégorie à laquelle était rattaché le contribuable (d'ap. DELOUSTAL, *La Justice dans l'ancien Annam*).

L'impôt personnel fut fixé à 8 ligatures par inscrit ; un impôt fut frappé sur les terrains cultivés, calculé d'après la superficie du terrain et la classe à laquelle il appartenait. Les terres domaniales et les terres communales étaient seules soumises à l'impôt ; les terres appartenant à des particuliers en furent exemptes. C'est de cette époque que datent les premières dispositions relatives aux biens *hương-hỏa* ; on n'en trouve pas trace dans les législations antérieures.

4. — RÉFORMES MILITAIRES ET ÉCONOMIQUES. — L'armée fut ainsi organisée : à la base, l'escouade, *đội*, comptant 20 hommes ; 20 *đội* formèrent une section, *cơ* ; 5 ou 6 *cơ* constituèrent un régiment, *vệ*, qui comprenait donc de 2.000 à 2.400 hommes. A côté du *vệ*, et sans se confondre avec lui, se trouvait le *tư* comptant 100 hommes. Les troupes intérieures étaient formées de 66 *tư* et de 51 *vệ*, soit environ 110.000 à 120.000 hommes. Les troupes extérieures comprenaient 26 *vệ*, soit environ 50.000 à 60.000 hommes. Les forces annamites semblent donc avoir atteint sous Lê Thánh-Tôn un total de 170.000 hommes environ.

L'agriculture et le commerce furent protégés par une série de mesures : création de canaux ; construction de digues ; encouragements à l'élevage du bétail et des vers à soie, à la plantation des mûriers ; concession de terrains non encore cultivés ou abandonnés par leurs propriétaires à la suite des guerres ; interdiction de laisser les terres en friche ; établissement des concessions militaires, *đồn-điền*, cultivées par des soldats-agriculteurs qui pourvoyaient ainsi à leur propre subsistance, soit par eux-mêmes, soit à l'aide de condamnés mis à leur service.

Les souverains Lê eurent aussi le souci de faire établir l'histoire du pays ; c'est de leur règne que datent les ouvrages historiques les plus importants, en particulier ceux de Ngô-sĩ-Liên.

QUESTIONS. 1. — *Quelle a été la durée de la dynastie Lê ? Son autorité a-t-elle duré aussi longtemps que son règne ? Quand et pourquoi a-t-elle diminué ? — Comment s'est manifestée l'activité des Lê de 1428 à 1527 ? Que savez-vous de Lê Thánh-Tôn ?*

2. — *Quelles furent les réformes administratives réalisées sous Lê Thánh-Tôn ? dans les provinces ? à la cour ? — Que savez-vous des réformes législatives ?*

3. — *Exposez les réformes financières accomplies par les Lê, en particulier : l'établissement et la revision les rôles ; — la fixation de l'impôt.*

4. — *Exposez les réformes militaires. — Enumérez les mesures prises en faveur de l'agriculture et du commerce.*

II. — L'ÉCRASEMENT DES CHAMS [1].

5. — L'EXPÉDITION DE 1446. — Les relations de l'Annam avec la Chine restèrent pacifiques pendant le règne des Lê. Des ambassades furent assez régulièrement envoyées en Chine, et les Annamites ne tentèrent pas de se dérober à leurs obligations de tributaires.

Par contre, il se produisit de graves conflits avec les Chams.

Quand *Lê Lợi* eut rétabli le royaume dans son indépendance, le roi du Champa *Jaya Simhavarman* lui adressa un ambassadeur ; mais en **1434**, à la mort de Lê Lợi, le pouvoir étant exercé par les régents d'un prince âgé de onze ans, le roi Cham crut le moment favorable pour repousser vers le Nord les frontières de son royaume, et attaqua l'Annam. Une armée annamite fut immédiatement dirigée contre lui ; il n'osa pas résister et demanda la paix.

Sous le règne de *Mahā Vijaya*, son neveu et son successeur, les Chams recommencèrent leurs coups de main ; à plusieurs reprises, ils mirent au pillage le Hóa-châu [2]. En **1446**, la Cour d'Annam décida une expédition ; les Chams furent vaincus en plusieurs rencontres et reculèrent jusqu'aux confins méridionaux de leur royaume; leur capitale Đồ-bàn fut prise et pillée et le roi fait prisonnier. Un nouveau roi fut placé sur le trône, qui reconnut la suzeraineté de l'Annam et envoya le tribut à Đông-kinh.

6. — L'EXPÉDITION DE 1470. — En 1470, le roi du Champa, parvenu au pouvoir après de longues guerres civiles, voulut se rendre tout à fait indépendant du souverain annamite. Selon la coutume, il commença les hostilités en ravageant les villages voisins de la frontière. Le fonctionnaire local annamite, dont les forces étaient insuffisantes, battit en retraite. Mais Lê Thánh-Tôn n'était

---

(1) L'ouvrage de G. MASPERO, *Le Champa,* a été mis à contribution.
(2) Au Nord du Quảng-nam.

pas homme à souffrir une telle insulte. Il fit d'abord connaître à l'Empereur de Chine que ses voisins, par leurs continuelles violations du sol annamite, l'obligeaient à la guerre ; il adressa ensuite aux Chams une proclamation pour les assurer que la tranquillité règnerait bientôt au Champa ; il se rendit enfin devant l'autel de ses ancêtres pour solliciter la grâce de leur protection et leur demander de lui rendre la mer propice et le vent favorable. Il ne s'en était pas tenu à ces précautions : il avait fait préparer d'énormes approvisionnements de riz et expédié en avant une flotte nombreuse. Il partit à son tour avec les troupes de terre et fit sa jonction avec l'armée navale vers la fin de l'année 1470. Au deuxième jour de l'année, il ordonna la marche en avant. Parvenu dans le Quảng-ngãi, il fut avisé qu'une armée chame, avec des éléphants, allait tenter de le tourner.

Il prit ses dispositions, s'avança contre l'ennemi qui, culbuté et enveloppé, se débanda pour tomber dans une embuscade ; il fut complètement détruit. Le roi envoya à Lê Thánh-Tôn des offres de soumission ; le souverain annamite les rejeta ; il poursuivit sa route, enleva le port de la capitale, et deux jours après, investit Chà-bàn où Trần Duệ-Tôn, en 1377, avait subi une si retentissante défaite. Les préparatifs de l'assaut terminés, il lança ses troupes ; elles emportèrent toutes les résistances, entrèrent dans la ville, et massacrèrent les habitants. Le roi fait prisonnier avec toute sa parenté, mourut bientôt à bord de la jonque qui le portait à Đông-kinh.

7. — L'annexion du Champa. — Lê Thánh-Tôn estima qu'il ne suffisait pas d'avoir remporté cette victoire : tant de fois déjà les Chams vaincus avaient, peu de temps après leur défaite, recommencé leurs pillages ! Afin d'abattre définitivement leur puissance, il annexa la partie septentrionale du royaume, dont il forma une seule circonscription qu'il appela *Quảng-nam*, comprenant les provinces actuelles de Quảng-nam, Quảng-ngãi, Bình-định. La frontière entre le Champa et l'Annam fut le contrefort de la Cordillère annamitique qui forme le cap Varela. Au Sud il ne resta qu'un petit royaume, établi dans le territoire de Phan-rang par un général cham, qui offrit à Lê Thánh-Tôn son hommage de tribu-

taire. Un neveu de l'ancien roi paraît avoir aussi régné dans le Champa ainsi diminué.

D'après les textes chinois, ces roitelets continuèrent à envoyer le tribut et à demander l'investiture à l'Empereur de Chine ; la dernière ambassade signalée eut lieu en **1543**. Mais, malgré ce semblant de vie politique, on peut dater la ruine du Champa de la campagne de Lê Thánh-Tôn. Nous verrons plus tard les Nguyễn enlever aux rois du Champa le peu qu'il leur restait de biens et d'indépendance.

QUESTIONS. 5. — *Que furent les relations de l'Annam avec la Chine pendant la dynastie des Lê ? avec le Champa ? Racontez l'expédition de 1446.*

6. — *Qui recommença les hostilités en 1470 ? Mesures prises par Lê Thánh-Tôn avant de partir en guerre. Racontez la campagne.*

7. — *Que fit Lê Thánh-Tôn après sa victoire ? Quel territoire annexa-t-il ? Quelle fut la frontière du Champa et de l'Annam ? A quoi se réduisit le royaume du Champa ?*

III. — LES MẠC.

8. — L'usurpation des Mạc. — A partir du 16e siècle, l'autorité des souverains Lê s'efface devant celle de quelques puissantes familles.

Sous le règne de *Lê Chiêu-Tôn* (1516-1526), arrière- petit-fils de Lê Thánh-Tôn, monté sur le trône au milieu de troubles incessants, le mandarin *Mạc Đăng-Dung* prend bientôt dans l'Etat une grande autorité. Il réduit les derniers révoltés ; mais ses succès accroissent sa propre puissance. Il s'attaque bientôt à l'entourage immédiat du souverain, si bien que celui-ci craignant pour sa vie, se réfugie dans la province de Sơn-nam avec ses partisans. Mạc Đăng-Dung, malgré ses efforts, ne réussit pas à s'emparer de lui ; mais il le dépose et fait monter sur le trône à sa place son frère cadet, Xuân, qui porte le nom de Lê Hoàng-Đê-Xuân (1522). Enfin, quatre ans après, ayant pu se saisir de la personne de Lê Chiêu-Tôn, il le mène captif à la capitale et le fait mettre à mort. Six mois plus tard, il se proclame empereur, sur la demande des grands dignitaires de la Cour ; il ordonne à Lê Hoàng-Đê-Xuân de se tuer avec sa mère. Il prend le titre de période de Minh-đức et, après trois ans, suivant la coutume des Trần, abdique en faveur de son fils *Mạc Đăng-Doanh.* La domination des Mạc s'étend alors sans contestation sérieuse depuis la frontière de Chine sur tout le delta du Fleuve Rouge.

9. — La restauration des Lê. — Lê Trang-Tôn. — Mais un fils de Lê Chiêu-Tôn nommé Ninh, qui s'était réfugié dans le Thanh-hóa, avait trouvé dans la personne du mandarin Nguyễn-Kim un soutien efficace. Nguyễn-Kim s'était assuré le concours de peuplades laotiennes ; il proclama Lê Ninh empereur en 1533 (1re année Nguyễn-hoà), sous le nom de *Lê Trang-Tôn.* Plus tard, des envoyés allèrent à Pékin demander du secours contre les Mạc. Ils s'embarquèrent sur des vaisseaux marchands et abordèrent à Canton ;

leur voyage dura deux ans. L'empereur ordonna au ministre des Rites d'examiner leur requête, et demanda aux vice-rois du Yun-nan et du Kouang-tong un rapport sur la situation de l'Annam. Les Mạc essayèrent de gagner à leur cause le vice-roi du Yun-nan et envoyèrent un ambassadeur à la Cour impériale.

Pendant ce temps, Nguyễn-Kim travaillait de tout son pouvoir à la restauration des Lê; il remporta divers succès et réussit à s'établir dans le Nghệ-an. En 1541, Mạc Đăng-Dung mourut. Les progrès de la cause de Lê Trang-Tôn n'en furent que plus rapides : la province de Thanh-hóa et la capitale de l'Ouest (Tây-kin) tombèrent en son pouvoir.

En 1545, *Mạc Phúc-Hải*, petit-fils de Mạc Đăng-Dung, fit assassiner Nguyễn-Kim, alors âgé de 78 ans. Mais son œuvre était trop avancée pour que sa mort put l'empêcher de réussir ; d'ailleurs il laissait à Lê Trang-Tôn des serviteurs aussi habiles et aussi fidèles que lui : son second fils Nguyễn-Hoàng et son gendre Trịnh-Kiểm.

10. — LA DÉFAITE DES MẠC. — Cependant les envoyés de l'empereur Kia-tsing avaient fait connaître la sentence impériale ; par un effet de cette politique de compensations que la Chine paraît affectionner, les deux partis étaient autorisés à gouverner le territoire qu'ils occupaient. Ainsi l'Annam était divisé en deux portions ; il ne constituait plus un royaume, mais deux seigneuries héréditaires vassales de la Chine, et Lê Ninh, dont les droits n'étaient pas discutés, devait supporter que l'autorité des Mạc s'exerçât sur les provinces qu'il n'avait pas reconquises, c'est-à-dire sur la plus importante fraction de son patrimoine.

En 1548, Lê Trang-Tôn mourut et fut remplacé par son fils aîné, *Lê Trung-Tôn* qui, étant mort sans enfants, eut lui-même pour successeur en 1556, Duy-Bang (*Lê Anh-Tôn*, 1556-1573), descendant d'un frère de Lê Thái-Tổ à la cinquième génération.

Chez les Mạc qui règnent au Nord, plusieurs souverains se suivent dans le même intervalle. Sous le règne de *Mạc Mậu-Hợp*, petit-fils de Mạc Phúc-Hải, les hostilités qui n'avaient jamais cessé tout à fait, deviennent plus vives ; les Lê sont devenus plus forts, leur influence s'est étendue de province en province. *Trịnh-Tùng*, fils de Trịnh-Kiểm, le gendre de Nguyễn-Kim, porte aux Mạc des coups vigoureux ; une expédition des usurpateurs dans le Thanh-hóa se termine en déroute, et Trịnh-Tùng multiplie ses attaques vers le Nord ; il gagne du terrain chaque année. Enfin en 1592, il tente un grand effort : il marche contre les Mạc, les défait, arrive sous les murs de la capitale, l'investit et l'enlève (décembre 1592).

11. — La fin des Mạc. — Après cette date, la puissance des Mạc est en fait presque anéantie ; mais ils gouvernent encore une portion du territoire annamite. Pendant quatre-vingts ans, trois de leurs souverains vont se succéder à *Cao-bằng*, et pour la Chine, ils conservent le même rang que les souverains Lê de la dynastie légitime, jusqu'au moment où la nouvelle dynastie des Ts'ing, victorieux de leurs adversaires (les Ming), consent à accorder aux Lê l'investiture royale (1667).

Malgré l'état de faiblesse où se trouvaient les Mạc au 17e siècle, ils ne furent pas toujours des voisins tranquilles : à plusieurs reprises, ils s'allièrent avec des mandarins mécontents et fomentèrent des révoltes. L'armée des Lê prit possession de leur territoire après avoir battu les troupes de Mạc Kinh-Hoàn en 1660 ; mais la cour de Chine ordonna à Lê Huyền-Tôn de le restituer, et celui-ci s'exécuta (1669). Huit années plus tard, Mạc Kinh-Vũ, revenu dans son fief et enhardi par l'appui de la Chine, fit de nouvelles tentatives pour étendre son autorité. Trịnh-Tạc envoya une armée contre lui ; il fut battu, mais il réussit, non sans peine, à échapper aux poursuites et il gagna la ville de Nan-ning (Kouang-si). A partir de ce moment, l'histoire ne fait plus mention de son nom.

Les Annamites réoccupèrent le territoire de Cao-bằng et le gardèrent désormais.

La date de 1677 marque bien la fin des Mạc.

Questions 8. — *Qui était Mạc Đăng-Dung ? Comment agit-il ? A quelle extrémité Lê Chiêu-Tôn fut-il réduit ? Echappa-t-il au sujet rebelle ? Que fit Mạc Đăng-Dung après la mort du souverain ?*

9. — Que fit Nguyễn-Kim ? Comment agirent les partisans du souverain légitime ? Racontez les succès de Nguyễn-Kim. Comment mourut ce sujet fidèle ? Laissait-il des descendants ?

10. — Quelle fut la sentence de l'empereur de Chine ? Enumérez les souverains Mạc et les souverains Lê ? Succès de Trịnh-Tùng.

11. — Que fut la puissance des Mạc après 1592 ? Quand l'empereur de Chine accorda-t-il aux Lê l'investiture royale ? Racontez les révoltes des Mạc au 17e siècle et comment finit cette dynastie usurpatrice.

IV. — LES NGUYỄN. NGUYEN-HOÀNG.

12. — LES ANCÊTRES DES NGUYỄN — La famille des *Nguyễn* était originaire de la province de Thanh-hóa, préfecture de Hà-trung, sous-préfecture de Tông-sơn. Elle occupait à la Cour une place importante ; Lê Thánh-Tôn y avait choisi la femme dont il fit son épouse principale ; après la mort de ce grand roi, elle vit son fils *Lê Hiển-Tôn* (1497-1504) occuper le trône. Le père de cette reine, *Nguyễn Đức-Trung*, est regardé comme « l'ancêtre originaire » de la famille. Son fils, le frère de la reine, *Nguyễn Văn-Lang*, joua un rôle sous le règne du deuxième fils de Lê Thánh-Tôn, *Lê Uy-Mục* (1504-1509).

Le fils de Nguyễn Văn-Lang, *Nguyễn Hoằng-Dũ*, joua aussi un rôle à l'époque troublée qui marqua l'avènement de Lê Chiêu-Tôn. Il se retira du côté du Thanh-hóa où Lê Chiêu-Tôn chercha, lui aussi, un asile en **1522**, après l'usurpation du pouvoir par Mạc Đăng-Dung. Malgré l'état d'anarchie qui régnait alors dans le Nord et qui offrait aux ambitieux tant d'occasions favorables, malgré aussi qu'il fût appelé par des rebelles désireux de le voir combattre avec eux, Nguyễn Hoằng-Dũ ne se décida pas à quitter les alentours de sa province natale. Il s'était taillé, d'après certains témoignages, une sorte de fief où il vivait avec son fils *Nguyễn-Kim*, et où il mourut en **1518** après avoir noué des relations avec les chefs des peuplades laotiennes voisines.

13. — NGUYỄN-KIM. — Environ dix ans plus tard, à la fin du règne de Mạc Đăng-Dung, Nguyễn-Kim décida de renoncer à la vie retirée qu'il avait menée jusque là avec son père et de commencer la lutte contre les Mạc ; au bout de quelque temps, il fut à la tête d'un nombre assez considérable de partisans ; ce nombre s'accrut de tous ceux qui luttaient contre les Mạc au nom des Lê et qui, assez régulièrement battus, passaient la frontière. Ils prirent bientôt l'habitude de se réunir auprès de Nguyễn-Kim sur le territoire laotien. C'est là, on le sait (1), qu'un nouveau souverain, le prince Ninh, fut proclamé sous le nom de *Lê Trang-Tôn*.

La même année, Nguyễn-Kim reçut lui-même le titre de grand-duc et Lê Trang-Tôn lui confia le commandement suprême de toutes ses troupes. La fonction devait être surtout honorifique à ce moment, mais Nguyễn-Kim employa toute son habileté à la rendre effective. Dès qu'il fut assez fort pour quitter sa terre d'asile, il fit maintes incursions heureuses sur le territoire annamite et, en 1540, il était solidement installé dans le Nghệ-an. L'année suivante, en 1541, date de la mort de Mạc Đăng-Dung, poursuivant ses succès, Nguyễn-Kim s'emparait de la capitale de l'Ouest. Quatre ans plus tard, il était empoisonné (1).

14. — L'ÉLOIGNEMENT DE NGUYỄN-HOÀNG (1558). — Nguyên-Kim laissait deux fils, *Uông* et *Nguyễn-Hoàng*, et une fille, Ngọc-Báu, mariée à *Trịnh-Kiềm*, général habile qui avait été l'un de ses meilleurs lieutenants. Trịnh-Kiềm hérita de l'autorité de son beau-père ; il reçut le titre de grand-duc, et ses beaux-frères avaient à la cour un rang inférieur au sien. Pourtant, plein du désir de s'élever encore, il vit en eux des concurrents à craindre, dont il était urgent de se débarrasser, et fit tout pour s'assurer un pouvoir incontesté. Uông mourut d'une façon assez mystérieuse ; Nguyễn-Hoàng crut prudent de s'éloigner. Grâce à l'appui de sa sœur, il obtint le gouvernement de *Thuận-hóa*, ancienne province du Champa, qui n'était pas encore complètement pacifiée. Cette province comprenait le Quảng-bình, le Quảng-trị, le Thừa-thiên et le Nord du Quảng-nam.

Nguyễn-Hoàng quitta la capitale de l'Ouest, Thanh-hóa (les Mạc occupaient encore la capitale de l'Est, Hanoi) en 1558 ; il avait été gratifié du titre de duc, et partait muni de pouvoirs étendus ; la Cour ne lui imposait que la charge de lever l'impôt et de payer un tribut annuel.

Une suite nombreuse l'accompagna ; le renom de son père, ses propres victoires lui attiraient l'estime de ses compatriotes. Des

---

(1) Voir plus haut no 9.

mandarins et des soldats du Thanh-hóa et du Nghệ-an le suivirent, déterminés à rester attachés à sa fortune ; les villages de la sous-préfecture de Tông-sơn notamment, lieu d'origine des Nguyễn, fournirent leur contingent. Trịnh-Kiểm s'aperçut peut-être alors que la mesure qu'il avait prise était impolitique. Cependant le territoire confié à son beau-frère était à conquérir ; des bandes soudoyées par les Mạc parcouraient et dévastaient le pays. La tâche était périlleuse ; et la stèle du Long-Pont (1) représente Nguyễn-Hoàng comme « un colon qui s'enfonce dans l'épaisseur des forêts et défriche un terrain rempli de ronces ».

15. — Nguyễn-Hoàng dans le Thuận-hóa. — Nguyễn-Hoàng qui avait pris la route de mer. débarqua au port de Cửa Việt, à l'embouchure de la rivière de Quảng-trị ; il fixa sa résidence au village de Ái-tử (au Nord de la citadelle actuelle de Quảng-trị). Les habitants, au moment de son arrivée, lui offrirent sept grandes jarres d'eau pure. Comme il en marquait quelque étonnement: « La volonté du Ciel est manifeste, lui dit son oncle qui l'avait accompagné ; voilà le présage de votre royauté future. (2) »

Nguyễn-Hoàng réussit à pacifier complètement sa province ; en 1570, il y ajouta le Quảng-nam dont le gouverneur venait d'être rappelé.

Nguyễn-Hoàng s'entoura de gens dévoués à sa cause et s'efforça de gagner le cœur de son peuple ; la renommée de sa justice et de sa bonté s'étendit hors des limites de son commandement. Ses talents d'administrateur ne le cédaient pas à ses talents militaires, et il réussit à unifier et à s'attacher les éléments disparates de la population : Chams incomplètement soumis, vagabonds venus du Nord, condamnés à l'exil, anciens partisans des Mạc, mandarins et soldats transfuges des Trịnh, sauvages des régions montagneuses. Les

---

1. Stèle impériale dressée par les ordres de Thiệu-Trị, en 1842, à l'endroit dït Bac du Long-Pont (Đò Cầu-dài), à un kilomètre environ au Sud de la citadelle actuelle de Đồng-hới et sur la route mandarine.

2. Jeu de mots, *nước* signifiant à la fois eau et royaume en annamite. Le fait est raconté dans la biographie de son oncle Nguyễn Ư-Kỉ.

ouvrages historiques, ceux des Lê aussi bien que ceux des Nguyễn, s'accordent à dire qu'il sut se faire aimer de ses sujets.

Le *Cang-mục* en particulier a laissé de son administration un tableau un peu flatté sans doute, peut-être inexact dans ses détails, vrai dans son ensemble.

« Sévère et digne dans le commandement des troupes, il savait, dans le gouvernement du peuple, allier la justice à la clémence. Sous son influence, les habitants de deux provinces mettaient un frein à leurs passions et pratiquaient les vertus qui font les hommes ; ... de tous les royaumes voisins, les étrangers se donnaient rendez-vous dans le pays ; la population devenait de jour en jour plus nombreuse et plus prospère. »

16. — Nguyễn-Hoàng à la cour des Lê. Son départ ; sa mort. — En 1592, la capitale de l'Est étant retombée au pouvoir de ses maîtres légitimes, Nguyễn-Hoàng vint à la tête de sa flotte apporter à Lê Thê-Tôn ses félicitations de sujet fidéle. Il fit un long séjour à la cour et put se rendre compte de la place que les Trịnh y occupaient.

La dynastie des Lê n'avait plus qu'un pouvoir nominal ; soit par apathie, soit par impuissance, les empereurs ne tentaient rien pour sortir de l'état de sujétion où les tenaient les Trịnh.

Ceux-ci se faisaient attribuer les titres les plus élevés de la hiérarchie. *Trịnh-Tùng*, grand-duc depuis 1571, fut nommé successivement « Généralissime », « Administrateur général du royaume », « Grand Maître », et pour clore dignement la liste, « Roi ». Il eut sa propre Cour, il nomma des mandarins ; toute l'autorité fut entre ses mains et le règlement de toutes les affaires dépendit de lui : perception de l'impôt, administration des revenus de l'Etat, direction des fonctionnaires ; il eut tous les pouvoirs civils et militaires.

Cependant, quand Nguyễn-Hoàng vint à la cour, il fut comblé d'honneurs. Lê Thê-Tôn lui conféra le titre de grand-duc et l'envoya combattre des mandarins révoltés ou des partisans des Mạc ; deux de ses fils furent tués dans ces campagnes. Nguyễn-Hoàng, toujours victorieux, commençait cependant à s'inquiéter de ce qu'il ne fût pas question de son retour dans le Thuận-hóa.

Vers le milieu de l'année 1600, une révolte se produisit dans la province de Ninh-bình. Le seigneur du Sud partit pour combattre les rebelles à la tête de toutes ses forces, mais au lieu de s'arrêter dans la province révoltée, il poursuivit sa route jusque dans son propre territoire.

Il avait passé huit années à la cour des Lê ; il n'y retourna plus pendant les treize années qu'il vécut encore. Il s'occupa seulement d'affermir son autorité dans toute l'étendue de son gouvernement et d'en fortifier certains points, particulièrement dans la région voisine de l'embouchure du fleuve de Đông-hới, et au Sud, sur les confins des provinces encore occupées par les Chams.

Au commencement de l'année 1613 se sentant malade, il fit appeler auprès de lui ses principaux lieutenants et son sixième fils qu'il désigna comme successeur. Il mourut peu après.

QUESTIONS. — 12. — *Que savez-vous de la famille des Nguyễn ? Quel fut le rôle de Nguyễn Hoàng-Dũ à l'époque de l'usurpation de Mạc Đăng-Dung ?*

13. — *Parlez de Nguyễn Kim. Ses succès ; sa mort.*

14. — *Quelle fut la situation de Nguyễn Hoàng à la cour après la mort de son père ? Où alla-t-il quand il quitta la Cour ? Avait-il beaucoup de partisans ?*

15. — *Que fit-il dans le Thuận-hóa ? Racontez son arrivée à Ái-tử. Fut-il un bon gouverneur ?*

16. — *Pourquoi revint-il à la cour ? Y resta-t-il longtemps ? Parlez de la puissance de Trịnh-Tùng. Que fit Nguyễn Hoàng à la cour ? Où mourut-il et quand ?*

V. — LA RIVALITÉ DES NGUYỄN ET DES TRỊNH.

17. — CAUSES DE LA RIVALITÉ. — Après la mort de Nguyễn-Hoàng, les deux familles des Nguyễn et des Trịnh restent en présence, l'une au Tonkin, l'autre en Cochinchine, l'une toute-puissante auprès du souverain nominal, l'autre parfaitement indépendante en fait vis-à-vis de ce souverain, et exerçant tous les droits royaux dans son territoire. Mais tandis que les Seigneurs du Nord commencent à concevoir quelque inquiétude à l'égard des Seigneurs du Sud de jour en jour plus redoutables, ceux-ci ne peuvent oublier qu'un de leurs ancêtres a restauré la dynastie légitime, et ne sont pas éloignés de penser que la place occupée par les Trịnh leur reviendrait justement. Ainsi, en même temps que leur fortune s'élève, la rivalité des deux partis ne cesse de croître ; à mesure qu'ils ont, les uns et les autres, plus à garder, à envier ou à craindre, ils se détestent davantage. Au début, ils dissimulent les raisons qu'ils ont de se haïr sous les couleurs des sentiments les plus nobles : l'intérêt de la dynastie seul les guide ; les Trịnh ont à faire respecter l'autorité des Lê méprisée par les Nguyễn, et les Nguyễn eux-mêmes ne tendent qu'à rendre aux Lê toute leur puissance usurpée par les Trịnh. Plus tard, les hostilités éclateront.

18. — LES FORCES DES TRỊNH. — Les rivaux disposaient de forces importantes. Au dire des missionnaires qui vivaient alors dans le pays d'Annam et dont les témoignages concordent entre eux et avec les récits indigènes, les Trịnh avaient une armée de plus de 100.000 hommes, cinq cents éléphants et cinq cents grandes jonques armées chacune de trois canons au moins. Bien que ces chiffres soient considérables, ils ne sont pas exagérés. La guerre était la seule préoccupation des mandarins, et une bonne partie de la population vivait du métier des armes. En outre, l'organisation du royaume elle-même était favorable à cet état de choses. Chaque

grand mandarin recevait en fief un certain nombre de villages dont il percevait les revenus, à condition seulement d'entretenir un nombre déterminé de soldats. Les officiers de rang subalterne avaient droit aux mêmes faveurs. La solde des troupes était ainsi assurée. Ces avantages, auxquels s'ajoutait l'espoir du pillage et de récompenses extraordinaires, attiraient sous les drapeaux de nombreuses recrues. D'autre part, les fiefs étant distribués en raison du mérite et des services rendus, les chefs avaient tout intérêt à entretenir convenablement leurs troupes ; ils savaient que leur zèle serait récompensé. (d'après CADIÈRE, *Le Mur de Đồng-hới*.)

19. — LES FORCES DES NGUYỄN. — Les forces des Nguyễn étaient sensiblement inférieures à celles des Trịnh. Avec ses fleuves aux barres difficiles, la Cochinchine ne se prêtait pas au développement des forces navales. Les Seigneurs du Sud paraissent avoir donné tous leurs soins à rendre leur armée de terre plus nombreuse, mieux exercée et mieux armée ; grâce à leurs relations avec les Portugais, il leur fut possible de perfectionner l'instruction et l'armement de leurs troupes.

En outre, ils s'appliquèrent à renforcer les défenses naturelles de leurs frontières et construisirent à cet effet d'importants ouvrages. Ils élevèrent notamment deux grands murs, de direction perpendiculaire à la côte, qui fermaient l'accès du pays aux troupes venant du Nord.

Le premier, le *mur de Trường-dức*, suivait d'abord un rameau du Nhựt-lệ, puis ce fleuve lui-même ; il avait une longueur de dix kilomètres environ, une largeur de six mètres à la base et d'après les vestiges qui en restent, sa hauteur devait atteindre trois mètres au moins ; il comprenait un camp et un grenier pour l'approvisionnement des troupes. Il formait obstacle au passage d'un ennemi qui aurait voulu remonter le Nhựt-lệ.

L'autre, le plus important, était le *mur de Đồng-hới* construit en 1631 ; il s'étendait du mont Dâu-mâu à l'embouchure du Nhựt-lệ. Ce mur atteignait une hauteur de six mètres ; du côté extérieur, on avait planté des madriers en bois de fer ; du côté intérieur, on avait construit, au moyen de terre rapportée, cinq degrés où les éléphants et les chevaux pouvaient circuler. La longueur totale du mur était d'environ dix-huit kilomètres. Tous les douze ou vingt mètres, se trouvaient des pavillons contenant des canons de gros calibre ; tous les quatre mètres il y avait un pierrier. (CADIÈRE. *Ibid.*)

QUESTIONS. — 17. — *Quels étaient les sentiments des Trịnh vis-à-vis des Nguyễn ? les sentiments des Nguyễn vis-à-vis des Trịnh ? Comment leur rivalité se développa-t-elle ? Comment conciliaient-ils leur ambition avec l'intérêt de la dynastie ?*

18. — *Enumérez les forces des Trịnh. Comment explique-t-on qu'elles aient été aussi considérables ?*

19. — *Les forces des Nguyễn étaient-elles aussi grandes ? Pourquoi n'avaient-ils pas autant de forces navales ? Comment développèrent-ils leurs forces de terre ? Comment assurèrent-ils la défense de leurs frontières ? Parlez du mur de Trường-đức ; du mur de Đồng-hới.*

VI. — LA PREMIÈRE PÉRIODE DE LA LUTTE ENTRE LES NGUYEN ET LES TRỊNH.

20. — DIVISIONS DE LA LUTTE. — La lutte des Nguyễn et des Trịnh comporte deux périodes :

1° De 1620 (date à laquelle éclatent les premières hostilités ouvertes) jusqu'à 1674, les campagnes des Trịnh contre les Nguyễn ou des Nguyễn contre les Trịnh se succèdent nombreuses à des intervalles plus ou moins rapprochés ;

2° Les Trịnh profitent des difficultés que crée aux Nguyễn la révolte des Tây-sơn, pour reprendre les hostilités (1774), mais ils sont bientôt obligés de se défendre eux-mêmes contre les Tây-sơn vainqueurs des Nguyễn.

Entre ces deux périodes de lutte se produit une trêve d'un siècle (1674-1774) pendant laquelle les Trịnh achèvent d'enlever aux Lê tout pouvoir réel, tandis que les Nguyễn étendent leurs conquêtes vers le Sud.

21. — LA LUTTE SOUS SÃI VƯƠNG (1620-1634). — Nguyễn-Hoàng, mort en 1613, eut pour successeur son fils Nguyễn Phúc-Nguyên appelé aussi *Sãi Vương*. Deux des frères de celui-ci se soulevèrent ; les Trịnh allaient leur porter secours, mais la rébellion fut réprimée avant que les Tonkinois n'eussent rien pu tenter (1620).

Quelques années plus tard (1627), *Trịnh-Tráng*, fils de Trịnh-Tùng n'ayant pu obtenir de Sãi Vương le paiement de l'impôt, envoya des troupes contre lui. La rencontre eut lieu sur les bords de Nhựt-lệ (qui a son embouchure non loin de Đồng-hới, capitale actuelle du Quảng-bình). Les Tonkinois furent à plusieurs reprises repoussés sur terre et leur flotte fut presque entièrement anéantie.

Trois ans après (1630), les Nguyễn prenaient l'offensive à leur tour et s'emparaient du territoire correspondant à peu près à la partie méridionale de la province actuelle de Hà-tĩnh.

En 1634, un complot se forme contre Sãi Vương; son propre fils **Anh** en est l'instigateur ; il fait appel aux Trịnh dont les troupes s'avancent jusqu'au pied du mur de Đồng-hới pour se joindre aux partisans de Anh. Mais les soldats cochinchinois restèrent fidèles à leur prince et repoussèrent les Tonkinois.

Sãi Vương mourut à la fin de l'année suivante. Il avait désigné pour lui succéder son fils Nguyễn Phúc-Lan, appelé Công-Thượng Vương par les auteurs occidentaux.

22. — La lutte sous Công-Thượng Vương (1640-1648). — Le nouveau seigneur n'attendit pas que les Trịnh vinssent l'attaquer. Il prit l'offensive et il occupa le Bô-chính septentrional (1640). Il songea à s'avancer plus loin encore.

Voyant que le royaume était riche et prospère, disent les historiens, il conçut le projet d'attaquer le Tonkin ; il passait fréquemment en revue les troupes de terre, les exerçant aux manœuvres militaires. Un jour, il alla en barque au port Nọn, à l'embouchure du fleuve de Huê, et vit que les troupes de mer n'étaient pas dans un état satisfaisant. Il ordonna aussitôt aux trois sous-préfectures de Hương-trà, de Quảng-diên et de Phú-vinh d'établir un champ d'exercice pour les troupes de mer au village de Hoàng-phúc, aujourd'hui Hồng-phúc, dans le Phú-vinh. On éleva une butte en terre haute de plus de trente pieds (12 m.) et longue de plus de 150 pieds (60 m.). Pendant sept mois, les troupes s'exercèrent à ramer et à tirer le canon. Ceux qui faisaient preuve d'habileté recevaient en récompense de l'or et de la soie. Il n'y eut plus alors dans les troupes de mer, aucun soldat qui ne fut exercé et habile.

Trịnh-Tráng conduisit une armée contre Công-Thượng Vương (1643). Le roi Lê Thân-Tôn l'accompagnait. Les Cochinchinois furent chassés du Bô-chính septentrional. Mais le climat du Sud fut funeste aux Tonkinois qui durent battre en retraite.

Trịnh-Tráng se remit en campagne en 1648. Après une série de succès partiels, les Tonkinois furent arrêtés par le mur de Trường-dúc.

Les troupes tonkinoises s'étaient avancées jusqu'au pied du mur, qui n'était plus alors qu'un amoncellement de sable sans consistance. Leurs projectiles ne tardèrent pas à y faire une brèche. Les troupes cochinchinoises saisies de frayeur, avaient pour la plupart pris la fuite : il en restait à peine le quart, mais Trương-phúc-Phân qui était chargé de défendre le mur, montra le plus grand courage. Seul, à la tête des soldats spécialement attachés à sa personne, faisant frapper du tambour et agiter un drapeau, il soutint une lutte acharnée contre les ennemis qui, tout en combattant agrandissaient la brèche. Assis fièrement devant le mur, son fils et lui, les parasols ouverts, excitaient leurs gens qui,' montés sur des barques en bambou, sans relâche, réparaient la brèche. Les traits de l'ennemi pleuvaient autour d'eux ; à leurs côtés des centaines de soldats tombaient, blessés ou mourants ; mais Phân continuait à rester assis, sans s'émouvoir. Les ennemis croyaient que c'était un génie sous l'aspect d'un homme ; ils n'osaient approcher de lui, pensant qu'il était doué d'une puissance surnaturelle. Le mur fut réparé et ne tomba pas aux mains des Tonkinois.Phân reçut le surnon de Co-Tri «l'obstiné défenseur.(d'ap. Cadière.)

Grâce à cette résistance héroïque, les renforts eurent le temps d'arriver ; ils étaient commandés par le fils de Công-Thượng Vương, *Hiên*, général brave et habile, qui infligea un terrible échec aux troupes tonkinoises.

23. — La lutte sous Hiền Vương (1655-1674). — Peu après, Công-Thượng Vương mourut. Il eut peur successeur son fils Nguyễn Phú-Tần, ou *Hiền Vương*.

Pendant les sept ans qui suivirent, les hostilités furent suspendues entre les Nguyễn et les Trịnh. Hiền Vương se préparait à la guerre. Il la recommença en 1655, à la suite d'une incursion d'un officier des Trịnh dans le Bô-chính méridional.

Dès le début de la campagne, les généraux qui commandaient l'armée cochinchinoise, envahirent le Bô-chính septentrional et furent vainqueurs des Tonkinois en plusieurs engagements partiels. Ils ordonnèrent de suspendre partout des proclamations invitant la population à se soumettre aux Nguyễn. Le nombre des soumissionnaires s'accrut si vite que bientôt les sept sous-préfectures du Nghệ-an situées au Sud du fleuve de Vinh passèrent sous l'autorité des Nguyễn.

Trịnh-Tráng envoya aussitôt des renforts sous le commandement de ses fils, *Trịnh-Tạc*, héritier présomptif, et *Trịnh-Toàn*, jeune encore, mais chef habile et très aimé de ses soldats. Trịnh-Toàn remporta quelques avantages, mais sans résultat décisif, et vers le milieu de l'année 1656, il était encore réduit à rester au Nord du fleuve de Vinh. A la fin de l'année, Trịnh-Tạc est brusquement rappelé à Hanoi ; Trịnh-Tráng est gravement malade et sa mort est redoutée. Trịnh-Tạc envoie sur le théâtre de la guerre ses deux fils *Trịnh-Căn* et *Trịnh-Đồng*, pour surveiller leur oncle en qui il voyait un compétiteur probable. Lorsque Trịnh-Tráng meurt (mai 1657), Trịnh-Toàn est accusé de rébellion, envoyé à Hanoi où il est jeté en prison ; Trịnh-Căn le remplace à la tête des troupes.

La campagne reprend bientôt ; les adversaires se fatiguent en plusieurs rencontres sans obtenir d'avantage appréciable jusqu'à la fin de l'année 1658 ; mais à ce moment, Trịnh-Căn remporte une victoire complète à Tuần-lễ.

Peu de temps après, il attaqua les troupes cochinchinoises qui s'étaient reformées et les mit en déroute. Les Nguyễn perdirent les sept sous-préfectures au Sud du fleuve de Vinh.

Trịnh-Căn rentra à Hanoi en triomphateur (1661). Mais quelques mois plus tard, il se remit en campagne avec des troupes fraîches. Les Cochinchinois, sous le commandement de Nguyễn-hữu-Dật, s'étaient retirés derrière le mur de Đồng-hới ; les Tonkinois campaient en face, occupant la route de terre et la route de mer. Mais Nguyễn-hữu-Dật, à l'abri, ne leur offrit pas la bataille ; pendant plus d'un mois, il les laissa inoccupés, dans le pays dévasté. Les vivres firent défaut et les troupes tonkinoises commencèrent à se démoraliser. Quand il jugea le moment opportun, Nguyen-hữu-Dật attaqua à l'improviste ; les Tonkinois prirent la fuite, poursuivis par les Cochinchinois qui firent un grand butin,

Trịnh-Tạc médita dix ans sa revanche. Quand il se crut prêt, il prit les armes. Les forces tonkinoises s'élevaient à cent mille hommes ; Trịnh-Căn fut chargé de la direction des opérations. *Lê Gia-Tôn* et Trịnh-Tạc étaient de l'expédition. Les troupes pénétrèrent dans le Bố-chính septentrional vers la fin de l'année 1672 ; Trịnh-Căn adresssa, aussitôt après avoir franchi le Sông Gianh, une proclamation aux habitants du Thuận-hóa et du Quảng-nam pour les engager à se soumettre aux Lê, souverains légitimes.

Les troupes cochinchinoises sous le commandement du prince *Hiệp*, quatrième fils de Hiền-Vương, prirent position derrière le mur de Đồng-hới, le mur de Trân-ninh et le mur de Sa-phụ sur la rive droite du Nhựt-lệ et un peu en amont de l'embouchure. Le choc des Tonkinois porta d'abord contre le mur de Đồng-hới, et la première rencontre fut défavorable aux Cochinchinois. Mais par la suite, malgré des assauts répétés, malgré une tentative par mer, ils tinrent bon et réussirent à repousser toutes les attaques. Trịnh Tạc et Lê Gia-Tôn se retirèrent. Trịnh Căn recula avec la flotte. Le gros des troupes commandées par *Lê-thi-Hiển* se retirèrent pendant la nuit.

Ce fut la dernière expédition des Trịnh. Les Nguyễn restaient maîtres chez eux. Le Sông-gianh désormais sera regardé comme la limite des États de Nord et du Sud. Ainsi se termina (en 1674) la première période de la lutte entre les Nguyễn et les Trịnh.

24. — Les raisons du succès des Nguyễn. — Le succès des Cochinchinois était du à plusieurs raisons. S'ils possédaient moins de troupes et moins de ressources que les Tonkinois, du moins ils avaient l'avantage de combattre chez eux. Les Tonkinois étaient dans l'obligation de conduire les opérations le plus rapidement possible ; si elles traînaient en longueur, le manque de vivres et les maladies les réduisaient bientôt à reprendre le chemin du Nord. D'autre part, les Cochinchinois paraissent avoir été généralement unis entre eux. Tous obéissaient à celui qu'ils considéraient comme leur chef et luttaient pour leur propre indépendance. Les Tonkinois au contraire, combattaient surtout pour satisfaire l'ambition des Trịnh qu'ils ne considéraient pas comme leurs véritables souverains, et par suite, ils apportaient moins d'ardeur dans la lutte. En outre, les Trịnh avaient à se garder, dans le Tonkin même, contre les révoltes des Mạc toujours remuants.

Enfin, les Cochinchinois eurent l'appui des Européens, — des Portugais en particulier, — tandis que les Tonkinois, après avoir vainement sollicité et espéré le concours des Portugais et des Hollandais, furent réduits à leurs seules forces.

QUESTIONS. — **20.** — *Marquez les deux périodes de la lutte des Nguyễn et des Trịnh. Que se produit-il entre ces deux périodes?*

21. 22. — *Décrivez les hostilités sous le règne de Sãi Vương ; sous le règne de Công-Thượng Vương. Qui commandait les troupes tonkinoises en 1643 ? Racontez la résistance des Cochinchinois sous le commandement de Trương-phúc-Phân. Succès de Hiền.*

23. — *Comment débutèrent les hostilités en 1655 ? Premiers succès des Cochinchinois : victoire de Trịnh Căn. Nguyễn-hữu-Dật au mur de Đồng-hới. Qui reprit les hostilités en 1672 ? Forces des Tonkinois : résistance des Cochinchinois ; leur succès final.*

24. — *Quels étaient les avantages des Cochinchinois dans la lutte ? L'harmonie régnait-elle chez les partisans des Nguyễn ? Quel parti obtint l'aide des Européens ?*

VII. — LES TRỊNH AU TONKIN.

25. — LA SOUVERAINETÉ DES TRỊNH. — Au Tonkin, les TrỊnh étaient véritablement les maîtres : ils faisaient et défaisaient les rois.

En 1572, Trịnh Tùng mit Lê Thê-Tôn sur le trône ; à la mort de celui-ci, il écarta l'héritier présomptif et désigna pour régner le second fils du souverain défunt, Duy-Tân, dont le nom est Lê Kính-Tôn (1599) ; il lui fit épouser sa fille, ce qui ne l'empêcha pas vingt ans plus tard de le faire étrangler. Ni Lê Thần-Tôn, qui, en 1619, succéda à Lê Kính-Tôn, ni ses fils, ne s'opposèrent à l'entière mainmise des Trịnh sur les affaires du royaume; et l'un d'eux, Lê Huyền-Tôn accorda même à Trịnh Tạc des privilèges inusités ; il l'avait laissé prendre le titre de *Roi de l'Ouest*, et lui permit de s'asseoir à la gauche du trône, pendant les audiences solennelles ; il le dispensa des formules de salutation.

Cet effacement des souverains Lê s'accentua davantage encore après la guerre contre les Nguyễn ; de retour de sa campagne, Trịnh Tạc fit transporter les bureaux des divers ministères dans son palais; et lorsque son fils Trịnh Căn revint à son tour de l'expédition, il lui décerna le titre de second roi. L'un de ses successeurs, Trịnh Cương força le souverain à abdiquer et le remplaça par un prince de sa propre descendance (1729) ; ce prince ne régna que quatre ans, car Trịnh Giang le déposa pour en introniser un autre. Trois ans plus tard, il mit sur le trône un membre de la famille royale qu'il avait élevé dans son palais, et prit le titre de *Roi antérieur d'Annam*.

26. — L'ACTIVITÉ DES TRỊNH. — Il est vrai que si les Trịnh accaparaient ainsi tout le pouvoir, il en prenaient la responsabilité. Il payèrent largement de leur personne pendant la guerre avec les Seigneurs du Sud ; ils s'efforcèrent en outre de rétablir la sécurité dans les provinces : ils réussirent à vaincre définitivement les Mạc et à faire rentrer dans le domaine royal le territoire de Cao-bằng qui en était sorti depuis un siècle et demi.

Ils s'occupèrent aussi avec activité de l'administration du pays.

Entre tous, *Trịnh Cương* (1709-1729) se distingua par d'importantes réformes. Il fit commencer le cadastre et refaire les registres fonciers ; il augmenta les ressources du pays par l'organisation d'un nouveau système d'impôts qui frappaient les produits du sol et des mines ; il fit agrandir et améliorer les ports des provinces de Nghệ-an et de Thanh-hóa. Il remit en vigueur les dispositions du Code Hồng-đức qui n'étaient plus appliquées ; il interdit aux mandarins de créer des villages et de les placer sous leur protection, car c'était un moyen de soustraire les habitants aux obligations de l'impôt, de la corvée et du service militaire en temps de guerre.

Son fils, *Trịnh Giang* (1729-1740), fut aussi un bon administrateur. Il supprima les droits sur le commerce du sel ; il réglementa l'exploitation des mines ; il diminua le taux des impôts payés par les Annamites et augmenta les taxes qui frappaient les Chinois. Afin d'encourager la librairie annamite, il fit imprimer des éditions des livres canoniques, des livres classiques et des Annales, et en ordonna la vente, à l'exclusion des éditions chinoises.

27. — LA RÉVOLTE DE LÊ DUY-MẬT (1737-1770). — Cependant les actes d'arbitraire et de despotisme des Seigneurs du Nord étaient devenus insupportables à certains membres de la famille des Lê qui n'acceptaient qu'à contre-cœur de se voir écartés des affaires. Ils fomentèrent des révoltes et soulevèrent le peuple contre les Trịnh.

Les troubles les plus sérieux commencèrent en 1737 ; trois princes, *Lê Duy-Trúc*, fils de Lê Hi-Tôn, *Lê Duy-Qui* et *Lê Duy-Mật*, tous deux fils de Lê Dũ-Tôn, étaient à la tête d'un vaste complot. Les deux premiers furent pris et tués ; Lê Duy-Mật put s'enfuir et tint la campagne. Il se fixa dans le Sud du Tonkin avec ses partisans. Trịnh Giang essaya vainement d'en venir à bout. Son successeur, *Trịnh Doanh* (1740-1767), eut plus de succès ; il réussit à vaincre et à mettre à mort plusieurs des chefs qui avaient embrassé le parti de Lê Duy-Mật ; mais il mourut sans avoir pu s'emparer de la personne de celui-ci.

A la nouvelle de sa mort, Lê Duy-Mật marcha sur la capitale. *Trịnh Sâm*, fils de Trịnh Doanh et son successeur, (1771-1782), envoya contre lui son général *Bui-thê-Dạt* avec des forces considérables et uue nombreuse artillerie. Lê Duy-Mật fut obligé de s'enfermer dans la citadelle de Trân-ninh ; mais il se rendit bientôt compte que toute résistance était impossible, les canons de l'ennemi faisant de larges brèches dans ses remparts. Alors il fit mettre en tas un grand nombre de caisses de poudre, y monta avec sa famille et se fit sauter (1770) (1).

Les Trịnh étaient donc venus à bout de cet adversaire, qui pendant trente ans, avait lutté contre eux. Mais leur puissance néanmoins ne devait plus durer longtemps. Elle allait disparaître devant le triomphe des Tây-sơn.

QUESTIONS. -- **25.** -- *Indiquez quelques faits pour montrer que les Trịnh étaient les véritables maîtres au Tonkin.*

26. -- *Les Trịnh prenaient-ils la responsabilité du pouvoir ? Quels services rendirent-ils au pays ? Lequel d'entre eux se distingua par ses réformes ? Citez les principales. Que fit Trịnh Giang ?*

27. --- *Cause des révoltes des princes de la famille royale. Quelle fut la principale de ces révoltes ? Combien dura-t-elle ? Indiquez-en les faits les plus importants et dites comment elle finit.*

---

(1) Et non 1767, comme il est dit généralement. Voir *Cang-mục*, liv. XLIII, p. 27.

VIII. — LES NGUYỄN EN COCHINCHINE.

28. — L'ANNEXION DU CHAMPA. — Les Seigneurs du Sud mirent
à profit la trêve de cent ans que leur laissèrent leurs rivaux du Tonkin. Leur indépendance assurée, sinon formellement reconnue, ils
surent administrer le pays avec sagesse et, d'un effort constant, reculer de plus en plus leurs frontières méridionales.

Les Chams ne s'étaient pas relevés de la défaite que leur avait in-
fligée Lê Thánh-Tôn dans la seconde moitié du 15e siècle, et les
mesures qu'il avait prises pour anéantir leur puissance avaient été
efficaces. Au 17e siècle, le territoire cham avait encore été réduit
et n'occupait plus que quelques districts où régnait sans prestige
un souverain dépourvu de ressources. Cependant en 1653, ce souverain, nommé par les récits annamites *Ba-tam*, se permit quelques
incursions sur le territoire annamite. Hiến Vương, qui était alors le
Seigneur du Sud, envoya des troupes, fit rentrer sans grand'peine
dans le devoir son peu dangereux voisin, et profita de l'occasion
pour réduire encore son domaine. Le territoire du Khánh-hóa fut
à partir de cette date rattaché au patrimoine des Nguyễn, et l'influence annamite ne cessa de grandir dans le territoire du Bình-thuận
où les survivants de la population chame, de plus en plus mêlée de
sujets des Nguyễn, étaient rassemblés, méprisés par leurs maîtres
qui les traitaient « comme des buffles », accablés d'impôts, et si durement traités que leur race faillit être complètement anéantie.

29. — L'ÉTABLISSEMENT DES ANNAMITES EN BASSE-COCHINCHINE. —
Plus au Sud, sur les frontières de la Cochinchine et du Cambodge,
un grand nombre de sujets cochinchinois parmi lesquels dominaient
les vagabonds, les déserteurs et les bannis, s'étaient peu à peu in-
filtrés dans la population indigène, se mêlant à elle, s'établissant
dans le pays, cultivant les terres que les Cambodgiens, trop pares-
seux, laissaient en friche.

Au cours du 17e siècle, déjà des colonies d'Annamites s'étaient formées dans les lieux dits de Đồng-nai et de Moi-xui, soit à peu près dans les provinces actuelles de Biên-hòa et de Ba-ria. En 1658, le gouverneur annamite de la province-frontière occupa officiellement le territoire de Moi-xui.

En 1672, il y eut des désordres au Cambodge ; les Annamites se mirent en campagne et s'emparèrent des forts de Saigon, de Kampot et de Phnom-penh. Le royaume fut divisé en deux parties, et un second roi, intronisé par les Annamites, régna à Saigon tandis que la capitale du premier roi restait à Oudong ; l'un et l'autre durent payer tribut au Seigneur de Huê.

En 1679, deux officiers chinois, partisans de la dynastie des Ming, que les Mandchous venaient de renverser, débarquèrent à Tourane avec 3.000 hommes et 5o jonques. Ils firent connaître à Hiên Vương que, fidèles sujets de la dynatie vaincue, ils refusaient de se soumettre aux Ts'ing et préféraient vivre sous l'autorité annamite. Hiên Vương hésita sur la manière dont il convenait d'accueillir ces discours : il doutait de la bonne foi des Chinois, mais il pouvait difficilement les repousser puisqu'ils venaient se donner à lui. Il trouva expédient de les envoyer s'établir dans le Đồng-nai, et il écrivit au roi cambodgien Ang Non qu'il n'avait rien à craindre de leur part.

Les Chinois quittèrent donc Tourane. Parvenus à la baie de Ganh-rai, ils se divisèrent ; les uns remontèrent le Đồng-nai jusqu'à la hauteur du Biên-hòa où ils s'établirent, les autres s'engagèrent dans la branche orientale du Mékhong et se fixèrent à Mĩ-thơ. En 1688, à la suite de troubles, *Ngãi Vương*, fils de Hiên Vương, envoya des troupes rétablir l'ordre ; à l'issue de la campagne, le roi de Saigon fut supprimé et remplacé par un gouverneur annamite (1698). Le pays fut divisé en deux *dinh* : Phiên-trân (Gia-định) et Trân-biên (Biên-hòa). Comme ce vaste territoire n'était pas assez peuplé (les rôles dressés à cette époque ne comptaient que quarante mille familles), on fit appel à des colons du Nord ; des villages furent fondés, le terrain fut cadastré et l'impôt fixé ; ainsi l'éviction des possesseurs primitifs fut consommée (J. SILVESTRE).

Le territoire des Nguyễn s'étendait jusqu'au Mékhong ; il va bientôt atteindre le Golfe du Siam.

30. — L'ÉTABLISSEMENT DES ANNAMITES A HÀ-TIÊN. — Vers le même temps où des Chinois s'établissaient sur les bords du Đồng-nai, un autre Chinois, nommé *Mạc Cửu*, originaire de la province du Kouang-tong, chassé lui aussi par la victoire des Ts'ing, venait se fixer sur les bords du Golfe du Siam, non loin de l'endroit appelé plus tard Hà-tiên. Là se trouvait un centre de quelque importance où trafiquaient des Annamites, des Chinois et des Cambodgiens. Mạc Cửu devint acquéreur de la ferme des jeux et s'enrichit rapidement ; il fit venir des colons, et fonda plusieurs villages qui se développèrent peu à peu.

Mais en 1715, Hà-tiên fut pillé par le Siamois. Pour éviter le retour d'une telle catastrophe, Mạc Cửu demanda la protection des Seigneurs de Hué et l'obtint aussitôt. Il releva de ses ruines l'établissement qu'il avait fondé. En 1735, lorsqu'il mourut, la ville et la région commençaient à prospérer. Son fils *Mạc Thiên-tư* lui succéda, et *Minh Vương*, Seigneur de Hué, le reconnut comme gouverneur.

Mais, en 1739, le roi du Cambodge entreprit de rétablir sa domination sur le pays ; la lutte fut rude, mais Mạc Thiên-tư eut raison de ses adversaires. Informé de ce succès, *Võ Vương*, petit fils de Minh Vương, conféra au gouverneur le titre de général. Quelques années plus tard, le Seigneur de Huê lui-même, profitant des embarras du Siam envahi par les Birmans, dirigea une armée contre le Cambodge ; le roi s'enfuit à Hà-tiên et Mạc Thiên-tư s'entremit en sa faveur auprès de Võ Vương ; celui-ci voulut bien accorder la paix moyennant l'abandon de tout le territoire au Sud de Gia-định jusqu'au bras du Mékhong qui passe à Mĩ-thơ (actuellement les districts de Gô-công et de Tan-an). En 1757, le roi du Cambodge mourut ; le régent demanda l'investiture à Võ Vương ; mais une révolte se produisit et le Seigneur fut prié d'intervenir. Il ne se fit pas attendre : une armée annamite entra au Cambodge et mit le roi Ang Tôn sur le trône. Pour prix de ce secours, les Annamites obtinrent le territoire au Nord de Bassac ; d'autre part, ils s'établirent solidement à Sa-dec et à Châu-đốc où ils élevèrent des forteresses ; quant à Mạc Thiên-tư, il reçut cinq districts qui furent adjoints à la province de Hà-tiên.

Ainsi, en un siècle, les Annamites s'étaient rendus maîtres de toute la Basse-Cochinchine. Ils étaient même sur le point d'annexer le Cambodge quand la révolte de Tây-son éclata.

QUESTIONS. — **28.** — *Qu'était le Champa au 17ᵉ siècle ? Que se passa-t-il en 1653 ? Quel territoire fut annexé ? Quelle fut la condition de la population chame ?*

29. — *Où des colonies annamites s'étaient-elles formées ? Quel fut le résultat de la campagne de 1672 ? Racontez l'installation de Chinois en Basse-Cochinchine. Quand le roi cambodgien de Saigon fut-il remplacé par un gouverneur annamite ? Jusqu'où s'étendit le domaine des Nguyễn ?*

30. — *Racontez l'histoire de Mạc Cửu. Qu'était Hà-tiên quand il vint s'établir dans le pays ? Quelle fut sa conduite vis-à-vis des Seigneurs de Hué ? Quel fut son successeur ? Comment, sous son gouvernement, l'influence des Nguyễn s'étendit-elle dans le pays ?*
Quel était le résultat d'un siècle d'efforts et d'habile politique ?

IX. — LA RÉVOLTE DES TÂY-SƠN.

31. — LES TÂY-SƠN. — Quand Võ Vương mourut, en 1765, son fils aîné était déjà décédé et aussi son 9e fils, *Hiệu*, qu'il avait nommé héritier présomptif. Depuis quelques années, son 2e fils, Chương Võ, avait été associé au pouvoir par son père, et il semble qu'en l'absence d'héritier désigué, la succession eût dû lui revenir. Mais un parti puissant l'écarta du trône pour y porter le 16e fils de Võ Vương, fils d'une concubine affectionnée. Ce prince — que l'on a appelé *Huệ Vương*, parfois *Định Vương* ou même, de son titre posthume, *Duệ Tôn*, — n'était âgé que de douze ans. Il fut assisté d'un conseil de régence à la tête duquel se trouva naturellement placé le chef du parti qui lui avait donné la couronne, *Trương-phúc-Loan*. Ce mandarin, par ses exactions et par sa tyrannie souleva les populations contre lui, et des fauteurs de troubles surent exploiter le mécontentement général.

Dans le village de Tây-sơn (1) (région du plateau d'An-khê), était établie depuis plusieurs générations une famille originaire du Nghệ-an. Trois membres de cette famille, trois frères, nommés *Nguyễn-văn-Nhạc, Nguyễn-văn-Lù* et *Nguyễn-văn-Huệ*, appelés plus tard les Tây-sơn, se mirent à la tête des mécontents. L'aîné, Nguyễn-văn-Nhạc avait d'abord fait le commerce du bétel avec les peuplades Moi et Bahnar du territoire où il vivait, puis était devenu percepteur à Vân-đồn. Ayant dilapidé les fonds dont il était responsable, il s'enfuit dans les montagnes par crainte du châtiment. Il attira autour de lui les gens tarés, les déserteurs, les condamnés à l'exil, et devint peu à peu le chef d'une véritable bande de malfaiteurs qui ne tarda pas à se faire connaître par ses exploits. Mais en même temps qu'il recrutait les hommes sans ressources et sans scrupules par l'appât du vol et du pillage, il secourait les pauvres

---

(1) En 1819, le nom de ce village fut changé par Gia-long en celui de An-tây, Ouest pacifié.

à l'aide des biens dérobés aux riches et, pour étendre son autorité, flattait adroitement les sentiments de haine que le peuple avait conçus à l'égard du Trương-phúc-Loan. Des notables crurent à son désintéressement et l'aidèrent de leurs deniers. Bientôt, il fut assez fort pour s'emparer de la ville de Qui-nhơn ; il saisit le trésor public et s'établit solidement dans la citadelle (1773).

La cour s'émut et fit partir des soldats contre les révoltés. Nguyễn-văn-Nhạc les mit en complète déroute. Ce succès augmenta sa puissance.

32. — L'INTERVENTION DES TRỊNH. — Dès qu'ils connurent les difficultés que la révolte des Tây-sơn suscitait aux Nguyễn, les Trịnh songèrent à reprendre contre leurs anciens adversaires la lutte qu'ils avaient dû abandonner depuis un siècle. Et ils le firent avec d'autant plus d'empressement que quelques mandarins de la cour, désireux de se débarrasser de Trương-phúc-Loan, avaient commis l'imprudence de demander contre celui-ci l'appui des Tonkinois.

Le Seigneur du Tonkin était alors *Trịnh Sâm* (1767-1782). Dès 1774, il se mit en campagne.

Les mandarins de Hué lui amenèrent le régent prisonnier, espérant qu'il n'irait pas plus loin. Mais les Tonkinois envahirent le Bô-chinh et s'emparèrent de la fameuse muraille de Trân-ninh qui passait pour inexpugnable et contre laquelle tous les efforts de leurs ancêtres avaient échoué. Ils s'empressèrent de raser complètement un ouvrage qui leur rappelait de si douloureux souvenirs ; puis poursuivant sans grandes difficultés leur marche vers le Sud, ils arrivèrent en janvier 1775, après un court engagement avec les troupes cochinchinoises, devant les portes de Hué, d'où le Seigneur s'était enfui en toute hâte. Ils entrèrent dans la ville sans éprouver de résistance.

33. — LES TÂY-SƠN VAINQUEURS DES NGUYỄN. — De Hué, l'armée tonkinoise poursuivit sa route vers le Sud. Mais elle fut obligée de rebrousser chemin : une épidémie se déclara et détruisit la moitié de l'effectif. Nhạc se porta aussitôt vers le Quảng-nam, où il établit de vive force son autorité ; il envoya ensuite (printemps de 1776) son frère Lữ dans la province de Gia-định où s'était retiré Huệ Vương. Lữ pénétra dans la ville presque sans coup férir ; il en fut chassé quelques mois après par les troupes de Mạc Thiên-tư fidèle aux Nguyễn et par les volontaires Đông-sơn, commandés par *Đỗ-thanh-Nhơn*.

L'année suivante, Nhạc, reconnu par Trịnh Sâm comme gouverneur du Quảng-nam, donne à la campagne une vigueur nouvelle. Une forte armée sous les ordres de Nguyễn-văn-Huệ, est dirigée sur Saigon ; elle s'empare de la ville, se rend maîtresse de la province et poursuit les princes de Huê qui se sont enfuis de divers côtés. Huệ Vương et ses neveux, *Dương* (fils du prince Hiệu) et *Phúc-Đồng* (aîné des fils vivants du prince Chương Võ) sont atteints et mis à mort (18 octobre 1777) ; le second fils de Chương Võ, *Phúc-Anh*, échappe au massacre et se réfugie dans le territoire de Hà-tiện, où il est recueilli et caché par l'évêque français, Pigneau de Béhaine.

Après de vaines recherches pour s'emparer de ce rejeton des Nguyễn, les Tây-sơn reviennent à Saigon ; Nguyễn-văn-Huệ, ayant laissé garnison dans la province de Gia-định, retourne à Qui-nhơn auprès de son frère.

Celui-ci, maître du Moyen et du Bas-Annam, se considère comme débarrassé de la famille des Seigneurs de Cochinchine : il se proclame empereur et prend le titre de période de *thái-đức* (1778).

QUESTIONS. — 31. — *Quel fut le successeur de Võ Vương ? Comment fut-il mis sur le trône ? Quel âge avait-il ? Quel homme était le régent Trương-phúc-Loan ? Qu'est-ce que les Tây-sơn ? Parlez de Nguyễn-văn-Nhạc. Comment devint-il chef de parti ?*

32. — *Raisons de l'intervention des Trịnh. Parlez de la campagne des troupes tonkinoises. Quand devinrent-ils maîtres de Hué ?*

33. — *Que firent les Tonkinois après s'être emparés de la capitale ? Que fit Nhạc ? Où envoya-t-il son frère Lü ? Quels furent les résultats de l'expédition ? Qu'advint-il, l'année suivante, des princes de la famille des Nguyễn ? Comment Nguyễn Phúc-Anh échappa-t-il à ses ennemis ?*

Que fit Nhạc après ses victoires ?

X. — LES EUROPÉENS EN INDOCHINE.

34. — LES MARCHANDS. — Les rivages annamites étaient connus des navigateurs européens dès le 16e siècle ; mais ce ne fut qu'au début du siècle suivant que des relations régulières commencèrent à s'établir entre les Occidentaux et les habitants du pays d'Annam.

Les Européens déjà établis en Asie Orientale furent, comme il était naturel, les premiers à débarquer en Indochine ; les Portugais venaient de Macao au moment de la mousson du Nord-Est ; les Espagnols arrivaient de Manille ; les Hollandais, de Java ; les Français et les Anglais, de l'Inde.

C'est en Cochinchine que les Européens entrèrent d'abord en rapports avec les Annamites.

Les centre des échanges était *Fai-fo*, où depuis longtemps les Chinois, suivis depuis peu par les Japonais, apportaient soit des produits de leur pays (papier, porcelaine, thé, argent en barres, soufre, salpêtre, métaux) soit même des marchandises européennes (surtout des étoffes de laine et de coton) ; ils exportaient en revanche des productions annamites (soie grège et soie ouvrée, bois d'ébénisterie, sucre, cannelle, poivre, riz).

Les Nguyễn virent quel parti ils pourraient tirer de l'aide de ces Européens dans leur lutte contre les Trịnh, et ils leur firent le meilleur accueil. Ce fut surtout avec les Portugais qu'ils se mirent en relations ; l'un d'eux, Jean de la Croix, s'établit aux environs de Huê en 1614 ; il créa une fonderie de canons au lieu appelé encore aujourd'hui *Thọ-đúc* (les fondeurs). Pour la construction des navires, les Cochinchinois apprirent aussi beaucoup de leurs visiteurs européens. Il n'est pas douteux que le concours apporté aux Nguyen par les Portugais contribua dans une bonne mesure à leur succès définitif sur les Trịnh.

Les relations s'étendirent peu à peu au Tonkin, les navires européens remontant le Cửa Thái-Bình et le Canal des Bambous. Les Portugais ne formèrent pas d'établissement permanent dans le pays ;

aux environs des mois de décembre et de janvier, un ou plusieurs navires venaient de Macao et ne restaient dans le pays que le temps d'écouler leurs marchandises et de former une cargaison de retour. Par contre, les Hollandais, les Anglais, les Français eurent des factoreries à *Hưng-yên*. Les *Anglais* gardèrent la leur jusqu'en 1697 et les *Hollandais* jusqu'en 1700. A vrai dire, ils ne cessèrent pas tout commerce avec le pays, mais ils n'y furent plus à demeure.

Commerçants anglais et hollandais appartenaient à des Compagnies créées en Europe pour faire le commerce avec les pays d'Extrême-Orient. La *Compagnie française des Indes orientales*, fondée en 1664, avait aussi compris la Chine et l'Indochine dans son rayon d'action. Un premier navire français vint en 1669 au Tonkin et y resta plusieurs mois ; il portait des prêtres des Missions-Etrangères qui obtinrent de *Trịnh Tráng* l'autorisation pour la Compagnie des Indes d'ouvrir un établissement de commerce. Un comptoir fonctionna quelque temps sous la direction du marchand Chappelain envoyé par *Baron*, chef de la Compagnie française à Surate. Une lettre et des présents furent remis en 1682, de la part de Louis XIV, à Lê Hi-Tôn et à Trịnh Tạc. Mais les directeurs de la Compagnie des Indes ne pouvaient entretenir un mouvement régulier d'affaires avec le Tonkin, et les transactions étaient plus faciles et plus fructueuses dans l'Inde. L'abandon de la place par les Anglais et les Hollandais prouve aussi que les bénéfices n'y étaient pas suffisants. Cependant, des missionnaires français continuèrent de séjourner dans le pays et y représentèrent dans une certaine mesure le commerce français.

Au 18e siècle, la Compagnie des Indes tenta de renouer avec la Cochinchine des rapports commerciaux suivis ; elle confia une mission à *Pierre Poivre*, qui avait déjà séjourné en Chine et en Cochinchine. Poivre fut chargé de « fonder sur des liaisons d'amitié, une nouvelle branche de commerce » entre la France et la Cochinchine. Il arriva le 29 août 1749 à Fai-fo sur le navire « Machault ». Il se rendit à Hué et remit la lettre et les présents dont il était chargé. Le *chúa* l'autorisa à faire du commerce dans le pays.

Ainsi les premières relations entre la France et la Cochinchine étaient établies. Malheureusement la suppression de la Compagnie

Statue de l'évêque d'Adran à Saigon.

des Indes (1769) ajourna l'exécution des projets qu'on avait conçus pour rendre ces relations plus étroites.

35. — Les missionnaires. — Les missionnaires avaient suivi de près les marchands. On sait, d'après un récit de l'époque, que c'est le capitaine d'un navire portugais qui décida le supérieur des Jésuites de Macao à envoyer des religieux de son ordre en Indochine. Ils arrivèrent en Cochinchine en 1615 et au Tonkin en 1626. Parmi les premiers qui entrèrent dans le pays, il faut citer les pères *Busomi* et *Borri* (Italiens), *Marquès* (Japonais) et surtout *Alexandre de Rhodes* (Français). Ce dernier, né à Avignon en 1591, fit un long séjour en Indochine ; il voyagea dans le Tonkin et dans le royaume des Nguyễn ; il a laissé une description détaillée du pays, faisant connaître sa configuration, ses limites, ses divisions, dépeignant les ressources du sol et les mœurs des habitants. Il a aussi fait une étude approfondie de la langue indigène et a composé un dictionnaire annamite-latin-portugais qui est l'œuvre la plus remarquable qu'aient produite les premiers visiteurs de l'Indochine. Plusieurs jésuites ont occupé à la cour des Nguyễn durant le 17e siècle des situations analogues à celles que d'autres religieux du même ordre eurent à Pékin au 18e siècle : ils furent mathématiciens, astronomes, médecins.

Tous les missionnaires venus en Indochine n'étaient pas des jésuites. Une société française fut fondée vers le milieu du 17e siècle pour fournir des évêques aux missions de la Cochinchine et du Tonkin ; ce fut l'origine de la *Société des Missions-Etrangères* qui s'est grandement développée depuis et dont l'action s'étend aujourd'hui à l'Indochine Française presque tout entière. Parmi les plus remarquables de ses membres, il faut citer *François Pallu*, l'un de ses fondateurs, *François Deydier* qui fit au Tonkin une longue carrière, et surtout l'illustre *Pigneau de Béhaine, évêque d'Adran* qui a joué un rôle si important dans l'histoire du pays d'Annam.

Les Annamites, soit en Cochinchine, soit au Tonkin, accueillirent favorablement les missionnaires dont ils pensaient se faire des alliés dans leurs luttes. Mais lorsqu'ils s'aperçurent que ces prêtres ne pouvaient leur apporter le secours qu'ils espéraient, ils commencèrent à les maltraiter, eux et leurs disciples, puis les persécutèrent durement ; en 1664, quarante-cinq furent exécutés le même jour à Tourane. Sous *Lê Dü-Tôn* (1705-1729) et sous *Lê I-Tôn* (1735-1740), il fut interdit de répandre leur doctrine au Tonkin ; plusieurs d'entre eux, ainsi que leurs adeptes indigènes, furent mis à mort.

QUESTIONS. — *34. — A partir de quelle époque des relations régulières s'établirent-elles entre Annamites et Européens ? Quel était le centre des échanges ? les objets de commerce? Quel accueil firent les Nguyễn aux marchands européens ? Qu'est-ce que les Annamites apprirent des Européens ? -- Parlez des relations avec le Tonkin ; les Portugais établirent-ils des factoreries ? Où se trouvaient les factoreries européennes ? A quelle époque arriva au Tonkin le premier navire français ? Transactions des Français avec les Tonkinois. Parlez de Poivre.*

35. — Par suite de quel fait les Jésuites de Macao vinrent-ils en Indochine? Quand arrivèrent-ils en Cochinchine (Annam), au Tonkin ? Citez les premiers arrivés ; parlez d'Alexandre de Rhodes. Qu'est-ce que la société des Missions-Etrangères? Quels furent les plus remarquables de ses membres ?

Comment les Annamites se comportèrent-ils à l'égard des missionnaires ?

DEUXIÈME PARTIE

XI. — LE TRAITÉ DE VERSAILLES.

36. — LES DIFFICULTÉS DE NGUYỄN ANH. — Après la capture de
son oncle, de son cousin et de son frère, *Nguyễn Anh* s'enfuit
avec un petit nombre de fidèles et chercha un asile pour échapper
à la poursuite des Tây-sơn. C'est alors (septembre-octobre 1777) que
Pigneau de Béhaine, évêque d'Adran, le cacha et pourvut à sa
subsistance. Mais bientôt Nguyễn Anh, averti que les frères Tây-
sơn avaient quitté Gia-định en y laissant quelques troupes, rejoignit
en hâte *Đỗ-thanh-Nhơn*, chef des Đông-sơn, au mois de
novembre 1777 s'empara de Long-hồ avec son aide, et peu de
jours après, rentra victorieux dans Saigon. L'évêque d'Adran vint
l'y rejoindre. Dans le courant de l'année 1778, le territoire, purgé
des Tây-sơn, fut pacifié ; des fortifications furent élevées, des barques de guerre construites ; trois grandes circonscriptions, Trân-
biên (Biên-hòa), Phiên-trân (Gia-định et Định-tường) et Long-hồ
(Vĩnh-long et An-giang) furent établies ; on fit appel à des colons.

Le premier jour de l'année suivante (5 février 1780), les mandarins prièrent Nguyễn Anh de prendre le titre de Vương ; il dis-
tribua des récompenses, conféra des grades et des titres, désigna
des ministres. L'un des plus honorés fut Đỗ-thanh-Nhơn qui avait
rendu de si grands services et qui venait encore d'intervenir
heureusement au Cambodge. Mais la gratitude du prince ne fut pas
de longue durée ; le général fut mis à mort peu de temps après
(4e mois, 24 avril-22 mai 1781) sur l'ordre ou tout au moins
avec l'assentiment de Nguyễn Anh. Les causes de ce meurtre restent
obscures, mais l'acte fut incontestablement impolitique, et Nguyễn-
văn-Nhạc s'en réjouit, disent les Biographes des Nguyễn eux mêmes.

Au mois de mars de l'année 1782, Nhạc fit avec son frère Huệ
une nouvelle tentative contre Saigon. Malgré une lutte acharnée, —
au cours de laquelle se distingua le commandant d'un des navires

français, *Manuel*, qui entouré d'ennemis se fit sauter plutôt que de se rendre — l'entrée de la rivière de Saigon fut forcée et les Tây-sơn devinrent, une fois de plus, maîtres de la ville.

Nguyễn Anh put s'enfuir ; quant à l'évêque d'Adran, il réussit aussi, et non sans peine, à quitter la Cochinchine. Du Cambodge où il s'était réfugié, il écrivit à sa famille : « Je viens encore de sortir tout nouvellement de circonstances très fâcheuses, sans savoir quelles en seront les suites. Le pauvre roi de Cochinchine, avec qui j'étais si lié, vient d'être battu par les révoltés et obligé de se retirer dans une île. . . »

Nguyễn Anh en effet s'embarqua pour l'île de Phú-quôc ; mais pendant ce temps, ses partisans ne restaient pas inactifs et après avoir battu les détachements Tây-sơn laissés dans le pays, parvenaient à Saigon ; le prince s'empressa de les y rejoindre. L'évêque d'Adran à son tour y vint aussi vers la fin du mois d'octobre (1782). Mais ni l'évêque, ni Nguyễn Anh n'avaient grande confiance dans la solidité de la conquête. En effet, Huệ et Lữ, avec des forces importantes, se présentèrent au mois de mars 1783 et brisèrent toute résistance. Alors commença pour le prince une vie de fugitif ; impitoyablement traqué par ses ennemis, il erre dans le golfe de Siam, il passe de Phú-quôc à Koh-rong, à Koh-kut, revient à Phú-quôc, touche à Poulo-Panjang ; plusieurs fois à deux doigts de sa perte, il ne dut son salut qu'à un extraordinaire bonheur. Il rencontra Pigneau fugitif comme lui, au mois de février 1784 dans une île de la baie de Kompong Som et à la fin de cette même année à Poulo-Panjang. C'est là vraisemblablement que fut prise la décision de demander secours à la France.

37. — Nguyễn Anh s'adresse a la France. — Dans l'intervalle des deux rencontres, Nguyễn Anh, avec des troupes reçues du Siam et ce qu'il lui restait de soldats, avait fait une nouvelle tentative ; mais Nhạc prévenu à temps, avait en toute hâte envoyé à Saigon son frère Huệ avec des renforts ; les Siamois furent taillés en pièces près de Mĩ-tho ; le contingent annamite fut entraîné dans la déroute.

Se voyant vaincu de nouveau, ses ressources épuisées, le secours du Siam prouvé inefficace, le prince n'eut plus qu'une pensée : s'adresser, pour reconquérir son patrimoine, à une puissance européenne.

Les Anglais, les Hollandais, les Portugais lui avaient fait des offres; mais sur les instances de son ami l'évêque d'Adran, il préféra recourir à la France. Le conseil royal de Cochinchine décida que Nguyễn Anh serait prié de remettre ses intérêts aux mains du roi de France, par l'intermédiaire de l'évêque d'Adran, et que pour assurer la cour de France de la droiture de ses intentions, le fils unique du roi serait remis à l'évêque et le sceau royal lui serait confié.

Pigneau quitta Nguyễn Anh à la fin de l'année 1784 avec le jeune prince Cảnh, âgé alors de quatre ans et demi, et débarqua à Pondichéry au mois de février 1785.

Il avait l'espoir de trouver dans cette capitale des établissements français les secours nécessaires ; mais les autorités ne voulurent rien entreprendre sans avoir reçu d'ordres, et l'évêque se décida à passer en France pour plaider la cause de Nguyễn Anh.

Il partit de Pondichéry au mois de juillet 1786 avec le prince Cảnh et une petite suite ; au mois de février suivant il était en France. Il déploya, à Paris et à Versailles, une grande activité, rédigeant des rapports, des mémoires, se créant des appuis et faisant maintes démarches ; Louis XVI le reçut et fut convaincu par lui de la justice de la cause de Nguyễn Anh ; les ministres des Affaires étrangères et de la Marine firent étudier la question des secours à envoyer au prince malheureux.

Le 28 novembre 1787, un « traité d'alliance offensive et défensive » fut conclu à Versailles entre la France et la Cochinchine. Le roi de France promettait d'envoyer quatre frégates, des troupes d'infanterie et d'artillerie avec tout leur attirail de guerre ; il devait recevoir en échange des avantages territoriaux dans la baie de Tourane et à Poulo-Condore, et les Français devaient jouir d'une entière liberté de commerce dans ses états.

Telles furent les bases du traité que signèrent le comte de Montmorin, ministre des Affaires étrangères, au nom du roi de France, et Pigneau de Béhaine, évêque d'Adran, au nom de Nguyễn Anh, — le premier chaînon des relations qui devaient plus tard s'établir entre les deux pays.

QUESTIONS. — 36. — *Où Nguyễn Anh trouva-t-il un asile ? Resta-t-il longtemps inactif? Quand prit-il le titre de Vương ? Comment se conduisit-il vis-à-vis de Đỗ-thanh-Nhơn ? Quand Nhạc rentra-t-il en campagne ? Nguyễn Anh fut-il longtemps hors de Saigon ? et, de retour dans la ville, y resta-t-il longtemps ? Montrez-le fugitif.*

37. — *Comment fut prise la décision de demander secours à la France ? Quand Pigneau quitta-t-il Nguyễn Anh ? Quand arriva-t-il en France ? Réussit-il dans ses démarches ? Quel traité fut signé à Versailles le 28 novembre 1787.*

XII. — LE RÈGNE DES TÂY-SƠN.

38. — LES TÂY-SƠN A HUÉ ET A HANOI. — Redevenus maîtres de la Basse-Cochinchine, les Tây-sơn se retournèrent contre les Tonkinois qui occupaient toujours Hué. Au mois de juillet 1786, *Nguyễn-văn-Huệ* les y attaqua. Après une lutte fort vive, il enleva la ville, puis il poussa vers le Nord, occupa le Quảng-trị et le Quảng-bình. *Nguyễn-hữu-Trinh*, transfuge tonkinois, lui conseilla de continuer sa marche, et il traversa sans coup férir le Thanh-hóa et le Nghệ-an ; il vainquit les troupes envoyées contre lui par *Trịnh Khải* et envahit le Sơn-nam ; bientôt il entra à Hanoi. Lê Hiển-Tôn lui donna une de ses filles en mariage et le fit grand-duc.

Nhạc, inquiet de ses succès, se dirigea vers le Nord. A ce moment Lê Hiển-Tôn mourut (septembre 1786) et son petit-fils, *Lê Mân-Đề*, lui succéda, avec l'assentiment de Nhạc. Celui-ci ne resta qu'un mois à Hanoi ; il partit avec son frère Huệ, ne gardant que le Nghệ-an dont le gouvernement fut confié à Nguyễn-hữu-Trinh.

Mais il jugea prudent de partager avec ses frères les territoires conquis ; vers le milieu de l'année 1787, il attribua le Tonkin et le Haut-Annam à Huệ avec le titre de *Bắc Bình Vương*, à Lữ la Cochinchine avec le titre de *Đông Định Vương* ; il garda pour lui les provinces du Quảng-nam et du Bình-định avec Qui-nhơn comme capitale, et se proclama Empereur du Centre, *Trung-Ương Hoàng-đề*.

39. — L'INVESTITURE IMPÉRIALE DES TÂY-SƠN. — Pendant ce temps, à Hanoi, *Trịnh Phùng* essayait de saper l'autorité de Lê Mân-Đề qui fit appel à Nguyễn-hữu-Trinh ; celui-ci accourut du Nghệ-an, prit le commandement de l'armée royale et défit le dernier des Trịnh. Mais trois mois plus tard arrivait une armée envoyée par Nguyễn-văn-Huệ. Le général Nguyễn-hữu-Trinh fut battu, fait prisonnier et décapité, Hanoi fut pris et Lê Mân-Tôn contraint de fuir. Nguyễn-văn-Huệ arriva à ce moment et chargea l'un de ses lieutenants de poursuivre le roi qui réussit à passer en Chine. Nguyễn-vǎn-Huệ se fit proclamer roi du Tonkin, et retourna dans sa capitale. Mais Lê Mân-Tôn, aidé d'une armée chinoise, reconquit son royaume ; Nguyễn-vǎn-Huệ, revenu en toute hâte, mit en fuite les Chinois dont il fit un grand massacre, et se proclama empereur (25e jour du 11e mois de l'année mậu-thân, 22 décembre 1788) ; il prit le titre de période quang-trung.

Quant à Lê Mân-Tôn, il échappa à son vainqueur, et après avoir erré à travers les provinces de l'Est, retourna en Chine (1er mois de l'année kỉ-dậu, commencement de 1789) ; mais il n'obtint aucun secours de l'empereur.

Nguyễn-vǎn-Huệ de son côté, envoya un tribut et une adresse à la cour de Chine, demandant l'autorisation d'aller s'y présenter en personne l'année suivante. L'empereur estimant que le Ciel s'était prononcé contre la famille des Lê, son représentant étant dépouillé pour la seconde fois de son royaume, ordonna au grand-juge de la province de Quảng-tây (Kouang-si) d'aller conférer l'investiture à Nguyễn-vǎn-Huệ.

La nouvelle dynastie paraissait donc destinée à durer.

40. — LA REPRISE DE LA LUTTE EN BASSE-COCHINCHINE. — Cependant, tandis que la puissance des Tây-sơn semblait consolidée d'une manière définitive, elle était en réalisé fortement menacée. L'ambition avait déjà fait naître entre les deux frères Tây-sơn de nombreux sujets de ressentiments. Nguyễn Anh sut profiter de cette discorde.

Il s'était retiré à la cour du Siam pendant que l'évêque d'Adran était allé en France. Il n'y mena pas une vie oisive et prit part à des expéditions des Siamois contre les Birmans et les Malais où, avec son corps d'Annamites, il se distingua fort. Il reçut à Bangkok de nouvelles offres de services des Portugais qu'il refusa loyalement, attendant l'annonce des secours que l'évêque d'Adran devait lui amener de France.

Cependant, quand il apprit que le cadet des Tây-sơn, ayant pris Hué (1786), avait ensuite continué sa marche victorieuse jusqu'à Hanoi, que l'aîné, inquiet de ces succès, commençait à jalouser son frère, il comprit que le moment était venu de préparer une nouvelle campagne. D'ailleurs des émissaires venaient lui annoncer que Nhạc retirait ses troupes de Gia-định et que les habitants de ce territoire étaient prêts à se soulever. Il envoya donc des officiers recruter des soldats à Hà-tiên, et comme il ne voulait pas des secours du Siam, comme d'autre part il redoutait que le roi ne s'opposât à ce qu'il partit, il fit secrètement quitter la cour de son hôte à sa famille et s'enfuit lui-même nuitamment. Arrivé à Long-xuyên, il remporta quelques succès contre les troupes envoyées contre lui. Nguyễn-văn-Lữ, qui venait au secours de Saigon, trompé par un faux rapport, fit faire volte-face à ses troupes.

Mais la ville était fortement défendue par le général *Phạm-văn-Sâm*. Nguyễn Anh avança prudemment, s'empara de Sadec, puis de Vĩnh-long, battit Phạm qui s'était porté à sa rencontre, et s'installa solidement à Mĩ-thơ. En 1788, les préparatifs étant faits, il commença les opérations contre Saigon. A force de ténacité il réussit à vaincre la résistance acharnée de Phạm-văn-Sâm ; ses troupes avancèrent tandis que *Võ Tánh* harcelait les flancs et les derrières des Tây-sơn. L'effort final fut fourni au cours de l'été ; à la suite de nombreux combats, Nguyễn Anh parvint à entrer dans Saigon le 7 septembre 1788. Cette fois, l'occupation sera définitive.

QUESTION. — 38. — *Racontez les succès des Tây-sơn ? Quand s'emparent-ils de Hué ? Que font-ils ensuite ? Quel partage Nhạc fit-il des territoires conquis ?*

39. — *Racontez les événements qui se passent au Tonkin. Quand Nguyễn-văn-Huệ se proclame-t-il empereur ? Quelle fut la conduite de l'Empereur chinois ?*

40. — *Que fit Nguyễn Anh pendant son séjour au Siam ? Que décida-t-il en recevant les nouvelles relatives aux Tây-sơn ? Racontez sa campagne en Basse-Cochinchine. Quel en fut le résultat ? Quand prit-il définitivement possession de Saigon ?*

XIII. — L'AIDE DE LA FRANCE.

41. — L'ARRIVÉE DES PREMIERS SECOURS. — En même temps que Nguyễn Anh réoccupait Saigon, les premiers secours français arrivaient.

L'évêque d'Adran, de retour de France, n'avait pas trouvé à Pondichéry le concours officiel qu'il avait espéré, et il dut, avec ses propres moyens et ceux de quelques Français, organiser l'expédition de secours qu'il avait promise à Nguyễn Anh.

Dès le mois de septembre 1788, la *Dryade* débarque à Poulo-Condore 1.000 fusils ; la *Garonne*, quelques mois plus tard, y laisse des canons ; le *Capitaine Cook* et le *Moyse* apportent des munitions ; le *Robuste* mouille dans la baie Saint-Jacques à la disposition du prétendant.

Des auxiliaires français commencent aussi à arriver, et l'évêque lui-même débarque le 24 juillet 1789. Il arrivait sur la frégate la *Méduse*, accompagnée de deux nouveaux navires, le *Pandour* et le *Duc-de-Chartres* chargés de munitions, d'armes, de provisions de toutes sortes ; plusieurs volontaires étaient avec lui.

Nguyễn Anh, qui venait d'achever la conquête de la Basse-Cochinchine, reçut avec des transports de joie son fils et son ami. La *Méduse* salua le souverain de plusieurs coups de canon, puis elle se rendit à Manille et à Macao d'où allaient être expédiés de nouveaux convois de matériel sous la conduite de nouvelles recrues.

Pour se rendre compte de la valeur du secours que l'évêque d'Adran procurait à Nguyễn Anh, il faut se représenter ce qu'étaient les armées des Tây-sơn et ce qu'avaient été les troupes de Nguyễn Anh lui-même.

Un témoin les dépeint ainsi : « Les soldats sont armés de fusils, de sabres, de lances, de piques, etc. ; mais ceux qui sont armés de fusils ne sont que dans la proportion d'un sur cinq ; encore ne savent-ils pas toujours se servir de leurs armes, qui sont mauvaises. Ils ne sont point exercés et n'ont aucun ensemble. Enfin, ils n'ont de canons que sur leurs jonques de guerre et ne s'en servent jamais à terre. »

42. — Les collaborateurs de l'évêque d'Adran. — Il convient de citer ici les noms des principaux parmi les Français qui offrirent alors à Nguyễn Anh le concours de leur science et de leur courage.

La propagande de l'évêque avait été surtout efficace dans le corps des volontaires, qui étaient des jeunes gens de bonne famille autorisés à embarquer sur les bâtiments royaux et pouvant, après six ans de navigation, être nommés officiers de marine (enseignes).

Le plus célèbre est Olivier (de Puymanel), volontaire de 2ᵉ classe à bord de la *Dryade*, qui quitta son navire au moment de sa relâche à Poulo-Condore (septembre 1788) ; il fut l'un des auxiliaires les plus précieux de l'évêque, s'occupant de l'instruction des recrues et surtout de la fortification des places dont les troupes royales s'étaient emparées ; le plan de la citadelle de Saigon est de lui ; il mourut au service du prince, pendant un séjour à Malacca le 23 mars 1799, âgé seulement de 31 ans.

De la *Dryade* vint aussi Guillon ; du *Pandour*, Tardivet et Malespine ; du *Duc de Chartres*, Guilloux ; de la *Méduse*, Lebrun.

Tous ces volontaires entrèrent au service de Nguyễn Anh entre 1788 et 1790, et jouèrent un rôle actif dans l'état-major des navires français du prince. Le chef de la division de ces navires était Jean-Marie Dayot, officier de marine du cadre colonial, appartenant à une famille bretonne établie à l'Ile de France ; Magon de Médine et Vannier, du même cadre, commandèrent le *Đồng-nai* et le *Prince de la Cochinchine*.

C'est avec ces navires que Dayot et Vannier allèrent détruire la flotte tây-sơn dans le port de Qui-nhơn en 1792. Mais Dayot était plus spécialement employé à assurer le ravitaillement de l'armée. Maintes fois il fut envoyé à Macao ou à Manille vendre du riz, de l'arec, et acheter des fusils, des canons, des munitions. Dayot profitait de ses voyages pour faire l'étude des côtes et des ports de la Cochinchine ; il a laissé un mémoire pour servir d'instruction aux cartes et plans de cette partie des mers de Chine, depuis l'entrée du golfe de Siam jusqu'à la rivière de Hué. Il quitta le service de Nguyễn Anh en 1795 ; fatigué des mauvais procédés des mandarins à son égard, il se retira à Manille. Il a contribué pour une part importante à la formation de la marine cochinchinoise avec son collaborateur Vannier, secondé plus tard par Chaigneau.

Celui-ci, enseigne à bord de la *Flavie*, arriva en 1794 seulement. Mais il fut le seul qui, avec Vannier, prolongea longtemps son séjour en Cochinchine ; ils avaient su, l'un et l'autre, mériter la faveur du prince qui, après sa victoire définitive, les promut à un haut grade dans le mandarinat. Chaigneau fut le premier agent consulaire de France à Hué ; il en sera question plus tard.

A ces noms, il faut ajouter ceux de Laurent Barizy, de Forsant, du médecin Desperles et de son confrère Despiau venu beaucoup plus tard. Là doit s'arrêter l'énumération de ceux que l'on connaît. Nul doute qu'il en vint d'autres ; car on lit dans une lettre de l'évêque d'Adran du 18 juillet 1792 : « Dans les armées de terre, il y a 40 Européens dont l'un est chargé d'un régiment de 600 hommes. » Mais on ignore malheureusement leurs noms.

On peut néanmoins affirmer que tous ces hommes contribuèrent grandement aux victoires de Nguyễn Anh, s'occupant d'organiser une armée et une marine, créant une artillerie de campagne, élevant des citadelles, faisant construire des navires, formant des soldats et des matelots.

Quant à l'aide que l'évêque d'Adran en personne apporta au prétendant, on pourrait dire avec quelque justesse, semble-t-il, qu'il fut pendant les dix années qu'il vécut en Cochinchine, le ministre de la Guerre et le ministre des Affaires étrangères du futur Gia-long. Le prince demandait ses conseils, n'entreprenait rien qui n'eût été discuté avec lui ; il écrivait par son intermédiaire aux gouverneurs des Philippines, de Macao, du Bengale, au roi d'Angleterre, au roi de Danemark. L'évêque traduisait des traités de tactique et de stratégie. Il dut réunir maintes fois en conseil les Français qui servaient Nguyễn Anh pour traiter des questions militaires ou maritimes. Il fut comme l'âme de ce corps de généreux auxiliaires, venus à sa voix défendre un prince malheureux.

Questions. — **41.** — *Donnez des détails sur les secours procurés à Nguyễn Anh par l'évêque d'Adran. Que portaient les navires qu'il envoya ? Quand arriva-t-il lui-même ? Comment fut-il reçu ? Dépeignez les troupes annamites avant les secours français.*

42. — *Citez les volontaires de la marine française que la propagande de l'évêque gagna à la cause de Nguyễn Anh. Quel est le plus célèbre d'entre eux ? Que savez-vous de lui ? Quel était le chef de la division des navires français ? Que savez-vous de lui ? Que savez-vous de Chaigneau ? Connaît-on les noms de tous les Français qui vinrent alors ? Précisez le rôle de tous les volontaires ; celui de l'évêque lui-même.*

XIV. — LA LUTTE CONTRE LES TÂY-SƠN.

43. — LES PREMIÈRES « GUERRES DE SAISON ». — L'arrivée des secours français allait permettre à Nguyễn Anh de reprendre la lutte avec une vigueur nouvelle.

En 1789, il envoie *Lê-văn-Quân* occuper le *Bình-thuận* ; malgré le succès de l'expédition, il comprit que le moment n'était pas venu de s'étendre vers le Nord : il ne disposait pas de forces suffisantes pour occuper effectivement de vastes territoires. Il se contenta donc de maintenir des postes avancés, il recruta de nouvelles troupes, ordonna des manœuvres, compléta ses approvisionnements.

Dès les premiers mois de 1792, il décida de reprendre les hostilités. « A l'époque où le vent est favorable, dit-il à ses officiers, il faut envoyer des navires dans le Nord et diriger en même temps des troupes par la voie de terre. » Ce fut la première idée de ces expéditions annuelles faites avec la mousson favorable, que l'on a appelées « guerres de saison ». Une flotte, que les deux navires européens rendaient redoutable, partait ordinairement de Saigon aux environs du mois d'août, pendant que des troupes de terre bien approvisionnées et toutes fraîches marchaient vers le Nord. Ces forces s'emparaient de quelques districts, fortifiaient certains points faciles à défendre et à tenir en communication avec les postes déjà établis ; elles y laissaient garnison et, la mauvaise saison venue, retournaient vers le Sud ; l'année suivante, les garnisons étaient relevées, les postes ravitaillés, et l'on en créait de nouveaux.

En 1792, apprenant que les Tây-sơn ont rassemblé dans le port de Qui-nhơn des forces importantes, Nguyễn Anh part, et, avec l'aide des navires commandés par Dayot et Vannier, surprend la flotte ennemie et la détruit complètement.

L'année suivante, pendant qu'il emprunte la route de mer, une armée s'empare des points fortifiés du Phú-yên, refoule les troupes commandées par *Bảo*, fils aîné de Nhạc, et vient mettre le siège devant Qui-nhơn.

L'aîné des Tây-sơn demanda du secours à son neveu *Nguyễn-quang-Toản*, qui, à la mort de son frère Nguyễn-văn-Huệ, venait de recevoir de l'empereur de Chine l'investiture de roi d'Annam. Nguyễn-quang-Toản s'empressa d'accourir ; mais à peine eut-il débloqué la place, qu'il détrôna son oncle et se trouva ainsi seul maître de la Cochinchine et du Tonkin. Nguyễn-văn-Nhạc mourut peu après, de rage et de douleur, dit-on. Son fils Bảo avait fait déjà sa soumission à Nguyễn Anh.

Cependant la lutte continuait. Presque chaque année, de nouveaux succès partiels étaient obtenus ; mais, malgré des efforts répétés, les troupes royales ne pouvaient s'emparer de Qui-nhơn. Dans l'été de 1797, une nouvelle tentative fut faite ; plusieurs postes, autour la capitale, furent emportés de haute lutte. Le gouvernement de Toản envoie alors toutes les forces dont il dispose, et Nguyễn Anh croit prudent de ne pas les affronter. Il abandonne le siège, s'embarque et hardiment pousse vers le Nord alors dépourvu de troupes ; il mouille à Tourane, détruit les approvisionnements et les navires des Tây-sơn, puis retourne à Saigon.

Au commencement de 1798, Bảo réussit par surprise à entrer dans Qui-nhơn ; il avertit aussitôt Nguyễn Anh, mais avant qu'il en eût reçu les secours demandés, la ville fut reprise et il fut mis à mort.

44. — L'EXPÉDITION DE 1799. — Ainsi Qui-nhơn, ce boulevard de l'insurrection, demeurait imprenable. Tout vrai progrès semblait devoir être impossible et tout succès stérîle, tant que la ville serait aux mains des Tây-sơn. *L'évêque d'Adran* résolut de faire un grand effort ; en 1799, à la tête d'une armée importante, il vint avec le prince *Cánh*, mettre le siège devant la ville. Nguyễn Anh, laissant son fils le prince Hí en Basse-Cochinchine, s'embarqua dès que la mousson du Sud-Ouest fut établie. Trois autres corps d'armée s'avancèrent par voie de terre ; le premier, renforcé de Laotiens, avait le Thanh-hóa pour objectif ; l'autre suivait le rivage de la mer, le troisième marchait par le plus court chemin sur Qui-nhơn. Ce dernier corps fit sa jonction avec les troupes de débarquement et les positions importantes qui défendaient l'accès de la capitale furent enlevées par les généraux *Lê-văn-Duyêt* et *Võ Tánh*. Du Nord, des secours arrivèrent aux Tây-sơn; mais ils furent repoussés après plusieurs rencontres, et tout l'effort des troupes de Nguyễn Anh se porta contre la ville.

Pendant le siège, l'évêque d'Adran, fatigué par tant de travaux, usé par le climat, tomba gravement malade ; une attaque de dysenterie se déclara. Le prince Cảnh vint chaque jour le visiter ; son père, malgré les soucis du siège, venait aussi souvent qu'il le pouvait, s'asseoir à son chevet. Le prélat, après une agonie de deux jours, expira le 9 octobre 1799 ; il était âgé de 58 ans.

Nguyễn Anh voulut rendre à son serviteur fidèle, à son conseiller, à son ami dévoué, les honneurs qu'il méritait. Il fit transporter le corps sur un de ses vaisseaux en Basse-Cochinchine ; le cercueil resta pendant deux mois exposé dans la maison de l'évêque, près de Saigon, et chaque jour des cérémonies funéraires eurent lieu.

Quand après un dernier assaut Qui-nhơn eut capitulé (2 novembre 1799), Nguyễn Anh revint à Saigon, et il présida lui-même aux obsèques. (1)

45. — LA CHUTE DE QUI-NHƠN (1801). — Repris par les Tây-sơn, Qui-nhơn ne tomba définitivement entre les mains de Nguyễn Anh qu'en 1801, à la suite d'une grande bataille navale dont un témoin nous a laissé le récit suivant.

L'entrée du port, très étroite, était défendue par plusieurs forts. De plus, les Tây-sơn y avaient leurs trois plus grands bateaux qui étaient armés chacun de trois batteries de canons d'un très gros calibre. Le reste de leur flotte était rangé de manière à ne laisser aucun passage. Aussi le prince ne vint pas à Qui-nhơn avec ses grands vaisseaux. Il les laissa dans une rade voisine et ne prit que 26 grosses jonques avec 100 bateaux légers ou plutôt 100 chaloupes, qui portaient à peu près 4.000 hommes. Ce n'était pas grand' chose pour aller attaquer un port pour la défense duquel les Tây-sơn avaient réuni plus de 20.000 hommes, 60 éléphants et plus de 200 bateaux de guerre, tous bien armés.

(1) Voir ci-après, lecture 55.

Le prince s'avance à la vue des ennemis, qui l'attendent de pied ferme, et arrive à la nuit à l'entrée du port. Les cent bateaux légers vont mettre à terre, à quelque distance, les troupes qu'ils portaient. Pendant ce temps-là, les jonques, à la faveur des ténèbres et du vent, s'approchent des premiers vaisseaux ennemis. Les marins du prince y sautent à l'abordage et y mettent le feu. Puis ils pénètrent dans le port et lancent partout des torches allumées. Alors la mêlée devint générale. Une grêle de boulets venant des forts comme des navires en rade sifflait sur toutes les têtes. De part et d'autre, on se battait avec un égal acharnement. Le combat dura de 10 heures du soir jusque vers 10 heures du matin. Il ne restait plus à ce moment aux ennemis le plus petit bateau. Tout fut brûlé.

Les officiers français, MM. CHAIGNEAU, VANNIER et FORSANT, qui commandent les trois vaisseaux, *le Dragon*, *le Phénix*, et *l'Aigle* furent de cette expédition Ils accompagnèrent le prince, chacun avec un bateau bien armé, et ce fut eux qu'il chargea de faire entrer toutes les galères. Mais il les retint pour sa garde pendant qu'on se battait. Le sang français bouillonnait dans leurs veines au bruit des canons, et il fallut toute l'autorité royale pour arrêter leur ardeur.

Ils entrèrent dans le port au jour, avec le prince. On tira sur lui d'un des forts, où les ennemis tenaient encore. Un boulet lui passa à une coudée au-dessus de la tête. Peu après, les rebelles se retirèrent avec les débris de leur armée, ayant perdu tout ce qu'ils avaient de précieux et qu'ils avaient placé à bord de leurs vaisseaux. Quand, au jour, le général des rebelles vit que le prince avec une poignée d'hommes et quelques galères avait réduit en cendres une si puissante marine et s'était rendu maître d'un port qu'il croyait imprenable, il tomba dans une espèce de frénesie et se roula dans la poussière comme un furieux. (d'après une lettre publiée par le P. CADIÈRE, *Documents relatifs à l'époque de Gia-long*, dans le Bulletin de l'École française d'Extrême-Orient, 1912).

QUESTIONS. — **43.** — *Qu'appelle-t-on « guerres de saison » ? Opérations de 1792, de 1793. Parlez des tentatives pour prendre Quinhon en 1797, en 1798.*

44. — *Parlez de l'expédition de 1799. Que fit l'évêque d'Adran ? Plan de la campagne ; opérations. Mort de l'évêque d'Adran. La ville fut-elle prise ?*

45. — *La conquête fut-elle de longue durée ? Faites le récit de la bataille de 1801.*

XV. — LE TRIOMPHE DE GIA-LONG.

46. — LA PRISE DE HUÉ ET DE HANOI. — Pendant qu'on se battait autour de Qui-nhơn, assiégé par les Tây-sơn et qu'il ne réussit pas à débloquer, Nguyễn Anh se décida à marcher hardiment sur Hué. *Lê-văn-Duyệt* et *Lê Chât* furent mis à la tête des troupes de débarquement. Le chef des Tây-sơn, *Nguyễn-văn-Tri*, occupait une position très forte sur une montagne dominant la baie ; mais tourné pendant la nuit et pris entre deux feux, il fut obligé de battre en retraite. A cette nouvelle, *Nguyễn-quang-Toản* s'enfuit de Hué, oubliant les brevets et les sceaux que lui avait envoyés l'empereur de Chine en lui accordant l'investiture. Nguyễn Anh entra dans la capitale le 12 juin 1801 ; il lança des troupes à la poursuite du fugitif, mais elles ne purent l'atteindre. C'est à ce moment qu'il apprit que Võ Tánh, ne pouvant plus résister aux assiégeants, s'était tué et que Qui-nhơn était de nouveau au pouvoir des rebelles. Il donna suite cependant à ses projets : il occupa le Quảng-binh, fit disposer des canons snr le mur de Trân-ninh, envoya une flotte à l'embouchure du Sông-gianh.

Ces opérations faites, il jugea prudent de chasser les Tây-sơn de Qui-nhơn ; il dirigea une armée contre la ville. La garnison épuisée du long siège qu'elle venait de faire, coupée de ses centres d'approvisionnements, sans munitions et presque sans vivres, n'était pas en état de résister : au bout d'un mois d'investissement, elle profita d'une nuit obscure pour abandonner la place.

Pendant ce temps l'expédition vers le Nord progressait. Tout d'abord, les Cochinchinois avaient dû reculer ; mais, quand les Tonkinois vinrent attaquer le mur de Trân-ninh, ils furent repoussés (février 1802). En même temps leur flotte était anéantie à l'embouchure du Nhựt-lệ. Nguyễn Anh retourna à Hué.

Le 1er juin 1802, dans la capitale de ses ancêtres, avant de partir pour le Tonkin où l'attendaient de nouveaux triomphes, il déclara close l'ère Cảnh-hưng (de Lê Hiển-Tôn) et ouvrit la période **Gia-long**. Il ne se proclama pas encore empereur (1), bien qu'il en fût prié ; mais on peut considérer qu'à dater de ce moment, il exerce réellement le pouvoir suprême.

Il ne tarda pas à repartir pour achever sa conquête. Il confia le commandement de l'armée de mer à *Nguyễn-văn-Chương* et mit les troupes de terre sous les ordres de Lê-văn-Duyệt et de Lê Chât. La marche en avant se fit sans grands obstacles ; on passa le mur de Đồng-hới, on traversa le Nghệ-an, le Thanh-hóa ; le 18 juillet Gia-long était à Sơn-nam et les derniers détachements tây-sơn se rendaient. Quatre jours plus tard, le **22 juillet 1802**, il pénétrait dans Hanoi. Nguyễn-quang-Toản, accompagné de plusieurs de ses frères, avait depuis longtemps quitté la citadelle et s'était enfui ; mais il fut fait prisonnier par le peuple et livré à Gia-long.

La victoire était complète.

47. — L'INVESTITURE DE NGUYỄN ANH. — Après la prise de Hanoi, Nguyễn Anh envoya une ambassade à Pékin, dirigée par *Trịnh-hoài-Đức*, ministre des finances ; elle était chargée de remettre aux autorités chinoises le sceau doré et les brevets perdus par Nguyễn-quang-Toản ; elle devait en outre livrer des pirates chinois que les Tây-sơn s'étaient attachés depuis plusieurs années et qu'ils envoyaient écumer les provinces côtières de la Chine.

Nguyễn Anh faisait connaître à l'empereur le succès de ses armes; il rappelait que la guerre qu'il venait de terminer n'avait été entreprise que pour rétablir l'autorité de la famille des Lê à laquelle il appartenait. Il demandait enfin des instructions pour envoyer désormais des missions officielles à la capitale.

« Prosterné vers la terre, j'espère, disait-il, que Votre Majesté voudra bien m'accorder quelque compassion ; je ne suis qu'un petit tributaire voisin de votre empire et mon désir le plus fort est d'être arrosé de la pluie de vos générosités. Tourné vers la Porte Sublime, pendant que

---

(1) Il ne prit officiellement le titre d'empereur que le 5e mois de la 5e année de la période (17 juin — 16 juillet 1806). (*Thật lục chính biên*, XXIX, p. *1* ; *Hội điển*, CXII, p. 2).

mes pensées volent vers vous et que la fumée de l'encens s'élève dans les airs en votre honneur, je vous adresse cette supplique.» (Traduction J. BEAUVAIS.)

Gia-long n'attendit pas le retour de cette ambassade pour en envoyer une autre, avant la fin de cette même année 1802. Ayant quelques raisons de croire qu'il s'était concilié la faveur de l'empereur Gia-khánh (Kia-k'ing), il demanda sans détours l'investiture royale et un nom pour le pays. Lê-quang-Dinh, ministre de la guerre, fut chargé de porter sa requête. En 1803, Kia-k'ing donna l'ordre au grand juge du Quảng-tây (Kouang-si) d'aller conférer l'investiture royale à Gia-long ; il publia un édit qui donnait au pays le nom de *Việt-nam* ; il ordonna que le Việt-nam devait envoyer le tribut tous les 2 ans et rendre hommage tous les 4 ans ; il fixa la composition du tribut.

Ce tribut comprenait : 600 onces d'aloès ligneux ; 1.200 onces de parfum Sou-siang ; 4 défenses d'éléphants ; 4 cornes de rhinocéros ; 600 pièces de soierie ; 200 pièces de cotonnade ; 90 livres de grains de paradis ; 90 livres de noix d'arec.

Gia-long, pendant tout son règne, se comporta en tributaire fidèle, et rien ne vint troubler les rapports du Việt-nam et de la Chine.

48. — GIA-LONG ET SES VOISINS DU SUD ET DE L'OUEST. — Pendant la révolte des Tây-sơn, le *Siam* profitant des embarras de Nguyễn Anh, voulut mettre à exécution ses projets de démembrement du *Cambodge.* En 1779, à la suite de troubles dans la famille royale, le roi *Phya Tak* envoya trois corps d'armée au Cambodge ; mais à peine les hostilités étaient-elles commencées qu'une révolution se déclara à Bangkok. Les généraux revinrent en toute hâte et, à la tête de leurs troupes, furent les arbitres de la situation : l'un devint premier roi et l'autre second roi.

Au moment où les Tây-sơn, maîtres de la Basse-Cochinchine, avaient envahi le Cambodge, le jeune roi *Ang Eng* avait été emmené au Siam. En 1794 — il avait une vingtaine d'années — il fut couronné par son suzerain le roi du Siam, qui le renvoya dans son royaume accompagné d'une armée à la tête de laquelle était le mandarin *Ben*, gouverneur de la province de Battambang. C'est à cette époque que la province passa sous la domination siamoise.

Ang Eng mourut en 1796 ; mais il ne lui fut désigné de successeur qu'en 1802 : ce fut son fils *Ang Chan*. Malgré qu'il eût l'investiture du Siam, Ang Chan envoya une ambassade à Gia-long qui la reçut à Hanoi ; en 1805, il demanda à rendre hommage au souverain du Việt-nam, et l'année suivante il alla à Bangkok se faire couronner par le roi du Siam. Mais en 1807, il demanda l'investiture à Gia-long. On voit qu'il tenait à être en bons termes avec ses deux voisins.

Le Siam cependant s'accommodait mal de cette situation, et il encourageait par dessous main les dissensions qui s'élevaient dans la famille royale. En 1812, il soutint par les armes un frère d'Ang Chan nommé *Ang Snguon*. Ang Chan s'enfuit chez les Annamites et les Siamois s'installèrent à Oudông. Le roi du Siam adressa à Gia-long une lettre où il exposait que s'il avait dirigé des troupes contre le Cambodge, c'était uniquement pour réconcilier Ang Chan avec ses frères. Feignant de croire à la sincérité de cette lettre, Gia-long ordonna à Lê-văn-Duyệt, gouverneur de Gia-định, d'escorter Ang Chan jusque dans ses états avec une armée de 10.000 hommes. Les Siamois se retirèrent et Ang Snguon partit avec eux. Pour prévenir de nouveaux troubles, Lê-văn-Duyệt laissa à Phnom-penh une garnison dont le chef fut chargé de la direction du protectorat du Cambodge.

Les rapports de Gia-long avec le Siam, bien que manquant de cordialité, ne furent pas troublés ; la puissance du souverain de Hué en imposait à Bangkok. Depuis 1807 des relations presque annuelles s'établirent, félicitations, condoléances, échanges de présents. Cependant Gia-long n'admettait pas que le fait de sa suzeraineté sur le Cambodge fut mis en discussion : ainsi il s'opposait, en 1811, à ce que Ang Chan obéit aux exigences du Siam qui le réclamait à Bangkok pour les funérailles du roi.

Au *Laos*, les deux influences, annamite et siamoise, se trouvaient encore en présence, mais elles s'équilibrèrent sans donner lieu à aucun conflit ; les rois du pays s'acquittèrent de leurs devoirs de tributaires vis-à-vis de Gia-long, tout en recevant du Siam leur désignation au trône.

Les tribus de *Cam-lo*, de *l'arrière pays du Nghệ-an*, les *tribus mọi de l'Annam*, les *Sadètes de l'Eau et du Feu* firent aussi parvenir des présents à la capitale et envoyèrent leur hommage au souverain. Ces relations ne furent marquées par aucun événement notable ; mais le fait seul de leur reprise après une longue période de relâchement, est une preuve nouvelle du rayonnement de la puissance annamite sous Gia-long.

QUESTIONS. — 46. — *Racontez la prise de Hué. A quelle date Nguyễn Anh entra-t-il dans la ville? Que se passait-il alors à Quinhon ? Nguyễn Anh réussit-il à s'en emparer ? Décrivez ses succès au Nord de Hué. A quelle date s'ouvrit la période Gia-long ? Le souverain se proclama-t-il empereur à ce moment ? Racontez l'expédition du Tonkin. Quand pénétra-t-il dans Hanoi.*

47. — *Dites ce que vous savez de l'ambassade dirigée par Trinh-hoài-Đức. Nguyễn Anh n'envoya-t-il pas une autre ambassade ? Que demandait-il ? Quelle fut la réponse de l'empereur de Chine ? Quelle était la composition du tribut à la Chine?*

48. — *Que fit le roi du Siam en 1779 ? Qu'arriva-t-il ? Quand et à la suite de quelles circonstances le Siam fit-il occuper la province de Battambang ? Quels furent les rapports du roi Ang Chan avec le Việt-nam et avec le Siam? Quelle était la politique du Siam ? Quels furent les rapports de ce pays avec le Việt-nam à partir de 1807 ? Quels furent les rapports du Laos, du Camlo, etc. avec Gia-long ?*

XVI. — ORGANISATION ADMINISTRATIVE SOUS GIA-LONG.

49. — LES CADRES DE L'ADMINISTRATION. — La période des combats étant close pour Gia-long, de guerrier il se fit administrateur. La tâche qu'il assuma était immense ; après 25 années de guerres civiles, la confusion, le désordre régnaient dans tout l'empire. Il entreprit de mettre de l'ordre partout.

ı. *L'ancien patrimoine des Nguyễn* constitue la *partie médiane* de l'empire et contient la capitale. Il comprend 9 provinces qui sont, du Nord au Sud : Quảng-bình, Quảng-trị, Quảng-đức, Quảng-nam, Quảng-ngãi, Bình-định, Phú-yên, Khánh-hòa, Bình-thuận. Les 5 premières, avec à leur centre Quảng-đức, province de la capitale, relèvent directement du souverain..

L'administration centrale avait son siège dans la *capitale* même, auprès de l'empereur, maître suprême et chef religieux du pays. Il y avait *six ministères* ; *Lại-bộ*, ministère des Emplois publics ; — *Hộ-bộ*, ministère des Finances ; — *Lễ-bộ*, ministère des Rites ; — *Binh-bộ*, ministère de la Guerre ; — *Hình-bộ*, ministère de la Justice ; — *Công-bộ*, ministère des Travaux. Dans chaque ministère se trouvaient : un président, deux vice-présidents, et deux ou trois conseillers ; il était divisé en un certain nombre de bureaux ayant chacun ses attributions spéciales. Cette organisation, arrêtée ainsi dans ses grandes lignes dès le début de la reconstitution administrative, ne fut complétée définitivement que sous Minh-mạng et Thiệu-trị ; pendant le règne de Gia-long, un grand nombre de fonctions furent exercées par cumul. Le *Grand secrétariat* (*Nội-các*, chin. Nei-ko, littéralement, Cabinet intérieur) était le suprême conseil. Il ne possédait pas un personnel spécial, mais comprenait des fonctionnaires choisis dans d'autres services, notamment des vice-présidents des six ministères et des académiciens.

2. La *région du Sud* avait déjà reçu un commencement d'organisation pendant la lutte contre les Tây-sơn ; Gia-long, dès la première année de son règne, détermina 4 provinces : Gia-định, Biênhòa, Vĩnh-thành (Vĩnh-long et An-giang) et Định-tương qui furent pourvues de fonctionnaires. Dans la province de Hà-tiên, qui avait été dévastée complètement, il nomma comme gouverneur Mạc Tửthiêm, fils de Mạc Thiên-tứ, et à la mort de celui-ci en 1809, il y plaça un gouverneur annamite, malgré les protestations du Siam.

3. Au *Tonkin*, on comptait treize provinces qui étaient à partir du Sud : Nghệ-an, Thanh-hóa, Bas Sơn-nam (Nam-định), Haut Sơn-nam (Hà-nội), Hải-dương, Kinh-bắc (Bắc-ninh), Sơn-tây, Anquảng (Quảng-yên), Lạng-sơn, Cao-bàng, Thái-nguyên, Tuyênquang, Hưng-hóa.

Comme la domination des Nguyễn venait à peine de s'étendre sur le pays, où, malgré la conquête, les souvenirs des Lê et des Trịnh, maîtres depuis des siècles, étaient encore vivaces, Gia-long ne voulut pas imposer lourdement sa domination. Dans les provinces du delta, il plaça des fonctionnaires choisis parmi les anciens magistrats nommés par les Lê ; les autres furent administrées par des fonctionnaires originaires du pays, et les localités habitées par des aborigènes furent confiées aux chefs élus par la population.

La haute administration du Tonkin et du pays de Gia-định fut mise entre les mains de fonctionnaires spéciaux. Il y eut à *Bắc-thành* (Hanoi) pour les treize provinces du Nord, et à *Saigon* pour les quatre provinces du Sud, un *envoyé impérial, gouverneur général* nommé *tổng-trấn* ; il fut assisté d'un second, le *phó-tổng-trấn*, d'un trésorier général, *cai-bộ*, et d'un chef du service judiciaire, *cai-án*. En outre, des délégués des six ministères se trouvaient au chef-lieu, et des bureaux furent placés sous leurs ordres et divisés en sections.

Ainsi l'ancien royaume des Lê et la Basse-Cochinchine étaient rattachés à l'administration de Hué, mais sans trop de rigueur, car Gia-long estima justement que des mesures sévèrement centralisatrices ne seraient pas de mise dans ces deux parties de l'empire.

Il n'y avait pas le même inconvénient à donner une certaine unité à l'*administration provinciale* dans toute l'étendue du pays. Certaines provinces importantes, *trân*, eurent pour les diriger un gouverneur, *trân-thủ* ; les provinces secondaires, *dinh*, furent dirigées par un *lưu-trân*, par groupe de deux.

Au-dessous du gouverneur, il y eut dans chaque province : 1º un trésorier, chargé des impôts, des registres de population, de l'agriculture et du recrutement des soldats ; et 2º un grand juge chargé de la justice et de la poste (*cai-bộ* et *kỷ-lục* au Centre et au Sud ; *hiệp-trân* et *tham-hiệp* dans le Nghệ-an, le Thanh-hóa et les provinces du Tonkin. Dans quelques provinces, un directeur des études, *đốc-học*, eut la surveillance générale de l'enseignement.

La province fut divisée en préfectures, *phủ*, à la tête de chacune desquelles se trouva un préfet, *tri-phủ* (*đồng-đường*) chargé du détail de l'administration de sa circonscription et ayant sous ses ordres les sous-préfets, *tri-huyện* (ou *tây-đương*) et les chefs d'arrondissements, *tri-châu*.

Telle fut dans ses grandes lignes l'organisation que des édits, presque tous datés de la première ou de la deuxième année du règne, appliquèrent au pays.

50. — RECRUTEMENT DES FONCTIONNAIRES. — « Le peuple, disait Gia-long, est maintenant comme un malade qui n'est pas rétabli ou comme un enfant qui a besoin de soins. »

Par un édit du 7e mois de la première année de la période (juillet 1802), il fit appel aux anciens gradués du temps des Lê. Pendant tout son règne, il eut le souci de trouver de bons fonctionnaires ; il exigea des mandarins proposant des candidats pour certains emplois qu'ils se portassent garants de leurs candidats ; faute de la mention de garantie, la proposition n'était pas examinée ; et d'autre part, des punitions étaient infligées aux mandarins si les fonctionnaires nommés sur leur recommandation se conduisaient mal.

La *hiérarchie* fut fixée ; les fonctions furent réparties en 9 degrés, chacun comprenant 2 classes. Mais il ne fut jamais nommé, sous Gia-long, de mandarins civils du 1er degré ; d'ailleurs les mandarins militaires, dans les cérémonies, avaient le pas sur les mandarins civils.

« Afin de pourvoir régulièrement aux besoins de l'administration, les examens furent réorganisés ; à Hué, le Collège national (Quôc-tử-giám) fut établi en 1803 ; la même année, deux décrets ordonnèrent la création d'écoles dans les provinces, fixèrent leur personnel, les programmes d'études, rétablirent les examens provinciaux. Des directeurs d'études, *đôc-học*, avaient été nommés en 1802 dans quelques provinces ; les années suivantes, il en fut désigné, suivant les besoins, dans les provinces qui n'en avaient pas encore ; des assistants, *phó-đôc-học* ou *trọ-giáo*, suivant les provinces, leur furent adjoints.

En 1807, Gia-long décréta : « A l'époque des désordres, personne ne voulait s'instruire ; l'institution des concours disparut dans l'anarchie ; maintenant que le pays jouit de la paix, je décide d'ouvrir une session d'examen au 10ᵉ mois de l'année courante. »

La périodicité des concours fut rétablie à partir de cette date ; les centres d'examen furent désignés à l'avance, les « camps des lettrés » reconstruits ; le premier concours triennal commença le 12ᵉ jour du 10 mois.

*QUESTIONS. — **49.** — Quelle organisation reçurent : 1º l'ancien patrimoine des Nguyên ; 2º la région du sud ; 3º le Tonkin ? Quels furent les six ministères ? Qu'est-ce que le Nội-các ? Comment fut établie la haute administration du Tonkin et du pays de Gia-định ?*

***50.** — Gia-long se préoccupa-t-il de bonne heure du recrutement des fonctionnaires ? Quelles furent ses premières mesures ? Qu'exigeait-il de certains candidats ? Quelle fut la hiérarchie mandarinale ? Que fut-il fait pour pourvoir aux besoins de l'administration en personnel ? Quel décret important fut promulgué en 1807 et quelle en fut la suite ?*

XVII. — LES AUTRES RÉFORMES DE GIA-LONG.

51. — LE CODE DE GIA-LONG. — C'est un geste propre à un fondateur de dynastie que de donner à son peuple un code nouveau ; il faut reconnaître que les circonstances l'imposaient à Gia-long.

Les lois des Lê n'étaient plus observées ; elles n'étaient même plus connues ; les mandarins, juges et administrateurs à la fois, étaient souvent embarrassés quand ils devaient rendre la justice.

« Depuis les troubles des Tây-sơn, dit Gia-long lui-même dans la préface du code, les liens fondamentaux de la société avaient disparu comme entraînés dans un tourbillon ; les règles étaient détruites : l'artifice, la fraude, la violence étaient devenus la loi commune, de sorte que tantôt le fait était imprévu, tantôt l'esprit des règlements était peu clair : les gens simples, plongés dans la confusion, ne savaient ce qu'ils devaient faire ou éviter ; les esprits retors et les gens malintentionnés se jouaient facilement au milieu des méandres de la législation, et dans les jugements, l'assimilation des faits nouveaux aux faits prévus, l'acquittement ou l'atténuation et l'incrimination n'étaient plus basés sur des données certaines ; l'oppression débordait partout, et l'innocence persécutée invoquait la justice vengeresse. »

Mais les fonctionnaires chargés de la rédaction du nouveau Code, au lieu de s'inspirer des usages annamites, semblent avoir pris le code chinois de la dynastie des Ts'ing presque exclusivement pour modèle. Le code des Nguyễn, officiellement distribué le 7e mois de la 14e année de la période (5 août-3 septembre 1815), n'a pas tenu assez de compte des dispositions antérieurement en vigueur dans le pays, ni des coutumes, ni des usages ; il se ressent trop visiblement de la hâte avec laquelle il a été compilé, et beaucoup de ses prescriptions sont maintenant tombées en désuétude.

52. — LA RÉORGANISATION DES FINANCES. — Dès 1802, Gia-long disait à ses ministres : « Il ne faut pas trop demander au peuple. Les Tây-son l'avaient frappé d'impôts excessifs ; comment pouvaient-ils espérer que leur puissance serait durable ? »

Une intention de modération l'inspirait donc ; en effet, au début de son règne les *impôts* furent calculés de façon que les habitants pussent les acquitter sans peine ; mais les dernières années du règne, d'après les lettres des missionnaires et les récits des voyageurs, le peuple, dans la région de la capitale surtout, était écrasé de corvées, et l'impôt était devenu fort lourd dans tout le royaume.

Plusieurs mesures heureuses avaient cependant été prises dans le plan de réorganisation du pays : la reconstitution des *biens communaux* est de ce nombre. Pendant les troubles, ces biens avaient été vendus ou les habitants se les étaient attribués ; Gia-long ordonna de procéder à un nouveau partage, et le commerce des rizières communales fut rigoureusement interdit.

Des dispositions sévères furent édictées contre ceux qui essayaient de frauder le fisc ; par contre des *remises d'impôt*, que les historiographes énumèrent avec complaisance, furent accordées soit à cause de la sécheresse, soit à la suite d'inondation, soit parce que les insectes avaient ravagé les récoltes.;..

Les *produits des mines*, dont la surveillance ressortissait au ministère des Finances, devinrent d'année en année plus importants ; les anciennes exploitations du Tonkin furent reprises avec succès, principalement à Cao-bǎng, à Thái-nguyên et Tuyên-quang. Il était payé par les entrepreneurs une redevance en minerai, et généralement les représentants du ministère achetaient à un prix déterminé les quantités dépassant le maximum d'extraction fixé.

Dans les *ports*, des taxes furent établies ; c'étaient de véritables *droits de douane* qui frappaient les marchandises entrant dans le royaume ou même circulant d'un port à un autre ; au Tonkin, le droit était fixé à 2 1/2 % de la valeur des marchandises transportées. Les taxes sur les navires étrangers qui fréquentaient les ports annamites furent déterminées à l'imitation de celles qui frappaient les navires allant commercer à Canton ; elles étaient basées sur la grandeur du navire et comportaient un droit supplémentaire de mesurage ; des taxes spéciales furent établies sur les navires venant de Macao et de France.

Le ministère des Finances fit fabriquer des *sapèques*, fondre des *lingots d'or et d'argent*, et la valeur proportionnelle des métaux précieux fut fixée par des édits. La monnaie légale fut, comme par le passé, la monnaie de cuivre, et il fut interdit d'en fondre privément.

Des règlements furent aussi établis pour la fabrication des lingots d'argent servant aux échanges. La fabrication de ces nouveaux taëls fut soumise à des règles précises ; des vérificateurs furent nommés. En outre, sévère défense fut faite de les détruire ou d'en diminuer le poids. Il y eut aussi des lingots d'or de dix onces et d'une once ; la valeur relative de l'or et de l'argent fut ainsi fixée : un lingot d'or valut dix-sept lingots d'argent du même poids.

53. — L'ARMÉE. — L'un des premiers soucis de Gia-long fut de *récompenser* les soldats qui l'avaient fidèlement servi ; ceux qui avaient combattu avec lui dans le Sud, ceux qui l'avaient accompagné au Siam ne furent pas oubliés. Après la prise de Hué, il fit aussi distribuer des sommes importantes ; en 1802, après son entrée à Hanoï, des gratifications en argent, des cadeaux de vêtements récompensèrent soldats et officiers.

Mais il ne s'en tint pas à ces mesures de circonstance ; il entreprit de *réorganiser* les forces militaires du pays. En temps de guerre, tous les habitants étaient soldats et les travaux agricoles en souffraient. Il revint aux anciennes coutumes : pour l'armée régulière, un homme était recruté par sept habitants de 19 à 25 ans ; une portion des rizières communales était attribuée aux soldats ou à leur famille. Chaque soldat restait à l'armée quatre mois ; il avait donc par an huit mois de liberté, qu'il employait à travailler dans son village ; mais il devait répondre à tout appel et était tenu de se soumettre à certaines corvées, telles que les travaux de construction ou de réparation des citadelles. En temps de guerre, la conscription atteignait un homme sur trois.

Au Tonkin, on ne prit qu'un habitant sur dix dans les territoires de Tuyên-quang, Hưng-hóa, Cao-bằng, Lạng-sơn, Thái-nguyên et

Quảng-yên. En Cochinchine, le recrutement n'atteignit qu'un habitant sur huit dans les villages de population dense.

La *hiérarchie militaire* fut fixée ; les divers grades furent répartis, comme ceux des mandarins civils, en 9 degrés ; il appartint au souverain et au ministre compétent seuls de nommer des officiers et de leur remettre des brevets ou commissions. En 1800, les forces de Gia-long étaient, d'après un document européen qui n'est pas contredit par les ouvrages annamites, ainsi composées : les troupes de terre auraient atteint un total de 113.000 hommes ; on y aurait compté 25 régiments de 1.200 hommes armés à l'européenne, 30 bataillons d'artillerie (15.000 hommes), 16 bataillons d'éléphants (8.000 hommes et 200 éléphants), etc.

L'armée de mer paraît avoir été organisée avec le plus grand soin, du moins sur le papier, car, comme pour une partie de l'armée de terre, il n'est pas prouvé que les cadres prévus aient été régulièrement remplis. Voici, d'après le document déjà cité, les forces maritimes : 2 vaisseaux européens montés par 1.200 hommes ; 100 jonques de guerre montées par 8.000 hommes ; personnel de l'arsenal de la marine, artificiers, charpentiers et calfats, 8.000 hommes, etc. ; les troupes de mer auraient atteint un total de 26.800 hommes.

54. — LES TRAVAUX D'INTÉRÊT PUBLIC. — Gia-long, dès le début de la période, s'occupa de faire réparer les routes et les ponts. Des règlements furent publiés, déterminant les fonctionnaires qui seraient chargés de ce soin dans chaque province, l'emploi qui devait être fait des corvées, le salaire des coulis, etc. Ils étaient naturellement payés en riz et travaillaient à la tâche.

Le réseau des *communications* fut rétabli et entretenu d'un bout à l'autre de l'empire ; des *ponts* furent construits. L'entretien des *canaux* et des *digues* fut recommandé à la sollicitude des mandarins ; des travaux considérables furent entrepris, principalement au Tonkin, pour la réfection des digues. A maintes reprises, les gouverneurs signalèrent des dégâts provoqués par les inondations, et l'empereur eut à accorder souvent des remises d'impôts dans la région du delta du Fleuve Rouge. A la fin de son règne cependant, le système des digues était assez complet pour que l'on pût espérer éviter à l'avenir de grands désastres ; par malheur, elles ne furent pas entretenues partout avec assez de soin.

Les *ports de mer* reçurent des améliorations notables. Des *greniers publics* furent construits dans toutes les provinces ; on y conservait du riz en prévision des périodes de famine. Pour le *service des postes* réorganisé et pour les voyageurs, des maisons de relais furent établies sur les routes. Enfin Gia-long fit réparer les *citadelles* d'un grand nombre de villes et en fit bâtir de nouvelles ; des casernes furent aussi élevées dans les villes.

Ces grands travaux coûtèrent des sommes considérables et nécessitèrent d'énormes mouvements de terre, toujours pénibles et souvent dangereux pour la santé des travailleurs. Ils se firent par le moyen de corvées dont il est difficile de fixer exactement l'importance, mais qui furent pour le peuple d'une lourdeur excessive.

55. — TRAVAUX HISTORIQUES ET GÉOGRAPHIQUES. — A un moment où les traditions littéraires étaient sur le point de disparaître, où elles avaient, tout au moins, grandement perdu de leur force, Gia-long fit tout ce qui dépendait de lui, par la réorganisation de l'ensei. gnement et des concours, pour les faire refleurir parmi le peuple.

Il estima aussi qu'à l'avènement d'une dynastie nouvelle, il convenait de *fixer l'histoire et la géographie du pays* ; une *Géographie générale* de l'Annam compilée par ses ordres, lui fut présentée en 1806 ; mais il dut renoncer à faire rédiger une histoire des Lê qu'il aurait voulu conduire jusqu'à la chute de la dynastie. Les documents, en effet, firent défaut ; pendant les troubles, les capitales du Centre, du Nord et du Sud, les chefs-lieux de provinces avaient été plusieurs fois livrés au pillage et les bibliothèques royales dispersées et détruites. Gia-long fit appel à ses sujets ; dans un édit de 1811, il s'exprime ainsi : « Les livres des bibliothèques royales sont tous perdus, mais les bibliothèques particulières doivent en contenir encore... Les habitants qui possèdent des exemplaires des anciennes Annales et des ouvrages traitant de l'histoire ou des lois du pays, devront les remettre aux fonctionnaires provinciaux ; je les récompenserai moi-même. »

A la suite de cet édit, ordre fut donné dans les provinces du Tonkin de recueillir tous les ouvrages relatifs à la dynastie des Lê. Cette même année 1811, Gia-long fit venir à Hué des fonctionnaires de l'enseignement pour remplir auprès de lui les fonctions d'historiographes. On le voit aussi en 1818 charger Mạc Cong-Du, descendant de Mạc Cửu, de réunir des documents sur l'histoire de Hà-tiên.

Il institua à la capitale une commission de lettrés dont les membres furent chargés de préparer l'histoire qu'il laisserait à ses descendants le soin d'établir.

Cette préoccupation se traduisit par un nouvel édit dont la promulgation suivit de près celui dont on vient de lire un fragment. Ayant résolu de rassembler les éléments d'une histoire des faits qui s'étaient écoulés de 1773 à 1802, auxquels il avait pris une si grande part, il s'adressa de nouveau à tous ceux qui pouvaient avoir quelques renseignements sur cette époque, et encouragea les témoins à parler : « Ceux qui feront connaître des faits exacts, disait-il, seront récompensés, et ceux qui dévoileront des faits blessant (la majesté royale) ne seront pas punis. »

QUESTIONS. — 51. — *Que savez-vous du code promulgué par Gia-long ? Tient-il assez de compte des usages du pays ?*

52. — Quelle était l'intention de Gia-long en fixant les impôts ? Comment montra-t-il sa modération ? La conserva-t-il toujours ? Quelle était la réglementation relative aux produits des mines ? Parlez des droits de douane et des taxes sur les navires étrangers. Quelle fut la monnaie légale ? Que savez-vous des règlements relatifs aux lingots d'or et d'argent ?

53. — Gia-long récompensa-t-il les soldats et les officiers ? Comment l'armée fut-elle réorganisée ? Comment le recrutement se faisait-il dans les diverses régions ? Comment la hiérarchie fut-elle fixée ? Décrivez la composition des forces annamites en 1800 ?

54. — Quelles furent les mesures prises pour l'exécution des travaux publics ? Parlez des digues. Citez les grands travaux exécutés. Comment furent-ils exécutés ? Le peuple eut-il à en souffrir ?

55. — Que fit Gia-long pour fixer l'histoire et la géographie du pays ?

XVIII. — GIA-LONG ET LES FRANÇAIS.

56.— Les funérailles de l'évêque d'Adran.— Gia-long n'oublia jamais les services que lui avaient rendus les Français. Entre tous, il aima de la plus grande affection l'évêque d'Adran, son compagnon des mauvais jours, qui avait été aussi son conseiller et son appui. Quand l'évêque fut mort (1), Gia-long tint à lui faire de magnifiques funérailles.

Les récits de l'époque disent l'apparat de la cérémonie : le cercueil enveloppé de damas était porté par 80 hommes ; toute la garde royale, composée de plus de douze mille hommes, et celle du prince Cảnh étaient sous les armes, l'artillerie de campagne en tête; cent vingt éléphants avec leur escorte s'avançaient des deux côtés du convoi. Nguyễn Anh, les mandarins des divers corps, les princes, les princesses même de la cour, une foule de peuple suivaient le cercueil.

Il fut conduit dans un jardin de plaisance que possédait l'évêque à quelque distance de Saigon. Les cérémonies de la sépulture catholique furent accomplies ; le prince s'avança ensuite et d'un ton grave, d'une voix que les larmes rendaient parfois tremblante, prononça une oraison funèbre :

« Je possédais un sage, l'intime confident de tous mes secrets, qui, malgré la distance de mille et mille lieues, était venu dans mes Etats, et ne me quitta jamais, lors même que la fortune me tournait le dos. Pourquoi faut-il qu'aujourd'hui qu'elle a repassé sous mes drapeaux, au moment où nous sommes le plus unis, une mort prématurée vienne nous séparer tout à coup ?... Dès ma plus tendre jeunesse, j'eus le bonheur de rencontrer ce précieux ami, dont le caractère cadrait si bien avec le mien. Quand je fis les premières tentatives pour monter sur le trône de mes ancêtres, je l'avais à mes côtés. C'était pour moi un riche trésor, où je pouvais puiser tous les conseils dont j'avais besoin

(1) Voir ci-dessus lecture 44.

pour me diriger.... Mon estime et mon affection pour lui croissaient de jour en jour. Dans les temps de détresse, il nous fournissait des moyens que lui seul pouvait trouver. La sagesse de ses conseils, et la vertu qui brillait jusque dans l'enjouement de sa conversation, nous rapprochaient de plus en plus. Nous étions si amis et si familiers ensemble que, lorsque mes affaires m'appelaient hors de mon palais, nos chevaux marchaient de front. Nous n'avons eu jamais qu'un même cœur. Depuis le jour où, par le plus heureux des hasards, nous nous sommes rencontrés, rien n'a pu refroidir notre amitié, ni nous causer un instant de déplaisir... »

Quand Nguyễn Anh eut fini de parler, les chrétiens se retirèrent, et le prince offrit les sacrifices que comportent les usages du pays.

Un mausolée fut élevé pour recouvrir les restes du prélat, et une garde de cinquante hommes y fut placée. Une plaque de marbre noir reçut, en caractères chinois et en latin, une épitaphe retraçant les hauts faits et les titres du défunt.

Ce monument existe encore, et le 3 août 1881, il a été, sur la proposition de M. Chasseloup-Laubat, ministre de la marine et des colonies, déclaré *propriété nationale*.

En 1902, une statue de bronze de l'évêque a été érigée en grande pompe à Saigon.

57. — LES FRANÇAIS A LA COUR DE GIA-LONG. — A la mort de l'évêque d'Adran (**9 octobre 1799**), il ne restait plus auprès de Gia-long que quelques officiers français. Olivier était mort au mois de mars précédent ; Dayot, Lebrun, Magon de Médine, Girard de l'Isle-Sellé, Guillon, Guilloux et d'autres encore avaient quitté le pays.

Après 1802, on ne comptait plus à la cour que Philippe Vannier, Jean-Baptiste Chaigneau, de Forsant et le médecin Despiau. Celui-ci paraît n'avoir occupé qu'une situation très effacée ; mais les premiers avaient reçu le titre de *trưởng-cơ* (1) qui les plaçait assez

---

(1) Voici le brevet décerné à Chaigneau, d'après la traduction qu'en a publiée le *Bulletin des Amis du Vieux Hué* (1915) :

Nomination du Khâm-sai, Thuộc-nội Cai-cơ Nguyễn-văn-Thắng, Chánh-quản du navire de cuivre Long-phi, du corps d'armée du Centre.

haut dans la hiérarchie, puisqu'il était de la seconde classe du second degré des mandarins militaires.

De Forsant mourut quelque dix ans après la victoire définitive de Gia-long ; ses trois compatriotes restés seuls, vivaient naturellement dans la plus grande intimité ; ils n'avaient pas perdu l'espoir de revoir leur patrie et s'entretenaient souvent de la France, où tant d'événements s'étaient passés depuis qu'ils en étaient partis. Suivant une lettre de Vannier, il est permis de supposer qu'ils auraient essayé de retourner en Europe s'ils avaient eu quelque occasion favorable, et si l'état de guerre entre la France et l'Angleterre n'avait pas mis obstacle à la réalisation de leurs désirs. Aussi quelle fut leur joie lorsqu'ils apprirent vers le mois de septembre de l'année 1817 qu'un navire français était arrivé à Tourane ; c'était la *Paix*, de Bordeaux, capitaine David Chevelaure, subrécargue Borel.

La *Paix* fut suivie du *Henry* et, le 3o décembre 1817, de la frégate la *Cybèle*.

Vous dont la bravoure se joue des tempêtes furieuses et dont la magnifique ténacité brave le courroux des flots : de même que les nuages balancés par le vent sont attirés là où apparaît un dragon, telle cette heureuse rencontre au coin du chemin du village, telle cette forte rame adaptée à une barque (dépourvue d'aviron) pour la faire manœuvrer et avancer comme (si c'était) par la force d'un cheval et la conduire à bon port, de même vous avez rendu (à ma cause) des services éminents et inestimables que je dois reconnaître et récompenser.

Par mesure spéciale, je vous fais Khâm-sai Thuộc-nội Trưởng-cơ, Marquis de Thắng-Toán, avec maintien au poste de Commandant du Long-phi. Vous commanderez les deux *đội* de Kiên-thủy du navire et veillerez à leur participation à la guerre dans l'armée du Centre. Vous apporterez sévérité et vigilance pour maintenir (à bord de votre navire) l'honneur et la discipline militaire, et vous ferez régner l'ardeur guerrière aussi enthousiaste et aussi prompte qu'une aile volante, afin de coopérer aux opérations de guerre.

Vous serez à la hauteur de la situation à laquelle ma confiance vous appelle et vous ne négligerez rien pour faire honneur à votre glorieux passé.

Ainsi est rédigé et doit être respecté mon décret.

Fait en la 1re année de Gia-long, 11e mois, 25e jour (19 décembre 1802).

58. — **La reprise des relations commerciales franco-annamites. Retour de Chaigneau en France.** — On se préoccupait vivement en France à cette époque, et dans les milieux officiels et dans les milieux commerciaux, de nouer des relations avec la Cochinchine. Des maisons de Bordeaux préparaient des expéditions, envoyaient des navires, cherchaient des informations sur les produits du pays, sur la possibilité de les échanger contre les produits français. Le duc de Richelieu lui-même, président du Conseil et ministre des Affaires étrangères, se renseigna auprès des missionnaires sur les conditions du commerce en Chine et en Cochinchine. Le 17 septembre 1817, il écrivit à Chaigneau. Sa lettre parlait des vues bienveillantes du gouvernement, de son désir de fonder en Cochinchine un commerce durable ; il demandait à Chaigneau de favoriser les entreprises des armateurs français et le chargeait de lui fournir des renseignements.

Gia-long, de son côté, fit ce qui était en son pouvoir pour encourager ces tentatives. Les subrécargues de la *Paix* et du *Henry*, mal renseignés, avaient formé une cargaison dont ils n'avaient pu se défaire complètement, et d'autre part, ils s'étaient trouvés dans l'impossibilité de se procurer une cargaison de retour suffisante. Gia-long, tenant compte de ces difficultés, leur accorda remise entière des droits et leur donna l'occasion de revenir par un contrat désignant les objets à importer. Le mandarin délégué aux rapports avec les étrangers complimenta le capitaine et le subrécargue sur leur exactitude à se conformer aux lois et usages du pays, et leur confirma les bonnes intentions du souverain. « En continuant de même, disait-il, les Français pourront voir durer bien des années la bonne intelligence entre les deux nations. »

En 1819, le *Henry* fut expédié de nouveau en Cochinchine, ainsi qu'un autre navire, le *Larose* ; l'entreprise fut cette fois couronnée de succès. La bienveillance de Gia-long à l'égard des négociants ne se démentit pas.

« La promesse d'un bon accueil qu'on avait faite, dit l'un d'eux, a été fidèlement et ponctuellement exécutée. Les marchandises ont été prises et payées avec la plus loyale et scrupuleuse exactitude. Ces deux bâtiments s'y sont chargés, en retour, de sucre, thé et soie écrue, et ont en outre rapporté de l'argent du pays. Cette deuxième expédition a donc eu, sous tous les rapports, un succès complet. »

Dans l'intervalle des voyages des navires de commerce, une frégate, la *Cybèle*, commandant de Kergariou, avait relâché à Tourane ; sa mission était de faire connaître dans les mers des Indes que « le vrai roi de France était rétabli sur le trône de ses pères ». Kergariou sollicita donc une audience de Gia-long ; il avait d'ailleurs des présents à lui remettre de la part de Louis XVIII. Mais comme il n'avait aucune lettre, ni du roi, ni d'un ministre, l'accréditant spécialement auprès de la Cour de Cochinchine, le conseil des mandarins décida qu'il était impossible de le recevoir. Gia-long ne put qu'approuver cette manière de voir, conforme aux usages diplomatiques ; il fit dire à Kergariou, d'après une lettre de Vannier, « qu'il était bien mortifié de ne pouvoir le recevoir, mais qu'il était obligé de se conformer aux lois ».

Depuis l'apparition des navires français en Cochinchine, *Chaigneau*, dit son fils «ne cessait de porter ses regards vers la France». Non seulement il souhaitait, après trente années d'absence, revoir son pays et sa famille, mais il désirait aussi porter au gouvernement français les renseignements que le duc de Richelieu lui avait demandés. L'occasion qu'offrait la présence à Tourane de deux navires français le décida à s'ouvrir de ses intentions. Gia-long fut étonné de sa demande.

« Comment, dit-il, vous voulez nous quitter ? Mais pourquoi nous abandonnez-vous ? Est-ce que vous êtes mécontent de nous ? Avons-nous fait quelque chose qui vous soit désagréable ? Quelqu'un de notre cour vous a-t-il offensé ? Dites-le-moi franchement et à l'instant j'en ferai une éclatante justice. »

— « Non, Sire, répondit mon père, je n'ai jusqu'à présent, qu'à me louer des bontés du roi, et son amitié ainsi que sa bienveillance habituelle m'ont suffisamment préservé des mauvais procédés qu'auraient pu avoir à mon égard ceux qui n'ont pas pour moi les mêmes sentiments que Votre Majesté. Mais, éloigné de ma patrie depuis trente ans, dont vingt-cinq ont été consacrés à votre service, j'éprouve le besoin de revoir mon pays natal et de visiter ma famille. Votre Majesté est trop juste pour ne pas comprendre le désir que j'ai de profiter de l'occasion qui se présente pour réaliser mes vœux. »

— « Votre désir, reprit le roi, est trop légitime, et je ne puis vous en vouloir. Allez, noble ami, serviteur dévoué ; que le Ciel vous protège partout, que votre voyage s'accomplisse de la manière la plus heureuse, et revenez au plus tôt. » (*Souvenirs* de Michel Đức CHAIGNEAU.)

Gia-long lui accorda un congé de trois ans et lui fit verser, en guise de gratification, deux années de solde.

Il s'embarqua sur le *Henry* et arriva en France au mois d'avril 1820. Chaigneau fut reçu avec faveur ; le roi lui donna audience, et moins d'un an après son arrivée, il quitta la France investi de la qualité de *consul*, et muni de pleins pouvoirs pour conclure un *traité de commerce* avec la Cochinchine.

Mais il ne devait plus trouver Gia-long vivant.

QUESTIONS. — **56.** — *Décrivez les funérailles de l'évêque d'Adran.*

57. — *Quels Français restaient à la cour de Gia-long après 1802 ? Parlez de Chaigneau et de Vannier. A quelle époque le premier navire de commerce français arriva-t-il à Tourane ? Comment fut-il accueilli par les mandarins français ?*

58. — *Quelles étaient les dispositions en France au sujet de relations commerciales à créer avec la Cochinchine ? Gia-long encouragea-t-il les tentatives des négociants français ? comment ? Que dit l'un d'eux au sujet de l'accueil qui leur fut fait ? Parlez de la mission de la Cybèle ; quel fut son succès ? Comment Gia-long accueillit-il la demande de congé de Chaigneau ? Quand Chaigneau arriva-t-il en France ? En quelle qualité revint-il en Annam ?*

TROISIÈME PARTIE

XIX. — LE RÈGNE DE MINH-MẠNG.

59. — MINH-MẠNG. — Dans le courant du onzième mois de la dix-huitième année de son règne (17 décembre 1819-16 janvier 1820), Gia-long s'était senti gravement malade. Le 1er jour du 12e mois (16 janvier 1820), il ne donna pas audience ; le 27 janvier, il appela auprès de lui le prince héritier, les membres de la famille impériale et les hauts fonctionnaires Lê-văn-Duyệt et Phan-đăng-Hưng, ce dernier du ministère des Rites. Il remit au prince son cachet et son épée, et annonça qu'il n'avait que peu de jours à vivre. La maladie s'aggrava rapidement ; le 3 février 1820 (19e jour du 12e mois), il rendit le dernier soupir.

Le successeur de Gia-long fut son 4e fils nommé Đẻm, âgé de 28 ans et désigné comme héritier présomptif depuis le 5 juillet 1816 (le prince Cảnh était mort en 1801). Il monta sur le trône le 1er jour de l'année nouvelle (14 février 1820) ; il prit le titre de période de Minh-mạng.

Minh-mạng était un esprit imbu de culture chinoise ; il fit beaucoup pour encourager la littérature (1) et l'histoire (2). et son souve-

---

(1) Les troubles de 1833-1835 en Cochinchine (voir ci-dessous, lecture 62) et leur répression lui ont inspiré en particulier les poésies réunies dans les *Ngự chẻ tiễu bình nam ki tặc khản thi tập*.

(2) Dès la seconde année de son règne, il donna l'ordre de compiler l'histoire des Nguyẻn qui régnèrent en Cochinchine avant l'avènement de Gia-long. Elle ne fut terminée qu'en 1841 ; on lui donna le nom de *Liệt thánh thật lục tiễn biền*, « Histoire véridique des Saints [Empereurs], section préliminaire ».

Ces *Thật lục* ont été continués : l'histoire du règne de Gia-long porte le titre de « Première série de la section principale des Thật lục ». *Thật lục chính biên đệ nhựt kì*. Elle comprend 60 volumes.

nir demeure comme celui d'un souverain ami des lettres et excellent lettré lui-même.

Monté sur le trône le onzième jour après la mort de son père, Minh-mạng se rendit à Hanoi l'année suivante pour recevoir l'investiture de la Chine. Il remplit fidèlement pendant tout son règne ses devoirs de vassal, envoyant le tribut de quatre en quatre ans. Il poursuivit et perfectionna l'œuvre administrative de Gia-long, en y introduisant une tendance très nette à l'unité et à la centralisation.

60. — LA MISSION DE CHAIGNEAU. — *Chaigneau* était arrivé à Tourane le 17 mai 1821, en qualité de consul de France. Minh-mạng, dit Michel Đức Chaigneau, « le reçut avec des égards mêlés d'un peu de froideur ; pourtant il paraissait satisfait de son retour en Cochinchine, et il lui donna l'assurance qu'il le considèrerait toujours comme le mandarin pour lequel le roi son prédécesseur avait eu le plus d'estime et d'affection. »

Chaigneau avait apporté une lettre de Louis XVIII proposant de favoriser les *relations commerciales* entre les deux pays. Au lieu d'y répondre lui-même, Minh-mạng chargea le mandarin « commandant les éléphants de guerre et administrateur de la marine marchande » de répondre au ministre des Affaires étrangères français, Pasquier. Et il ne communiqua point cette réponse à Chaigneau pour qu'il la traduisît en français, mais en envoya l'original en caractères, disant : « Le roi de France a auprès de lui des hommes assez éclairés pour lui interpréter fidèlement mes écrits; et d'ailleurs il m'a écrit seulement dans sa langue ; n'est-il pas naturel que j'en use de même avec lui et que je n'aie recours qu'à la mienne ? »

Cette lettre fut traduite à Paris par Abel Rémusat ; elle contenait une fin de non-recevoir assez catégorique aux offres de Louis XVIII.

La deuxième série, consacrée à Minh-mạng, est en 220 volumes.

La troisième série, consacrée à Thiệu-trị, comprend 74 volumes.

La quatrième série, consacrée à Tự-đức, en comprend 71.

En 1836, fut présenté à Minh-mạng un ouvrage intitulé *Khâm định tiểu bình lưỡng kỳ phi khấu phương lược*, qui fait l'histoire des troubles de 1833-1835 : rebellions du Tonkin, de la Basse-Cochinchine, lutte contre le Siam.

« Les frontières de notre royaume, disait-elle, sont situées aux extrémités du Midi, et celles du vôtre sont aux extrémités de l'Occident.

Les limites des deux Etats sont séparées par plusieurs mers et par une distance de plusieurs milliers de lieues. Les gens de notre pays peuvent rarement arriver jusqu'au vôtre. C'est ce qui fait que, quand il vient des lettres, les interprètes de notre pays ne sont pas très habiles, et nous n'avons pu savoir qu'imparfaitement ce qui était dit (dans votre lettre) du désir que vous aviez d'établir, pour les gens de votre pays, des règles et un arrangement relatifs au commerce. La liste des objets envoyés en présent n'était pas non plus relatée dans la lettre.

En réfléchissant à cette affaire, tout ce qui tient au commerce et à la vente (des productions) est soumis chez nous à des règles déterminées. Tous les marchands qui viennent de divers royaumes ont soin de s'y conformer. Si les gens de votre pays désirent venir commercer dans notre royaume, ils se conformeront à ces règlements, comme cela est raisonnable. »

Le 28 février 1882, la frégate la *Cléopâtre* arriva à Tourane ; Chaigneau demanda une audience pour le commandant, mais elle ne fut pas accordée.

Les mauvaises dispositions de Minh-mạng ne faisant qu'augmenter, et les mandarins se modelant sur leur maître, Chaigneau se trouvait, comme il le dit lui-même, « l'objet d'une méfiance qui tous les jours devient plus marquée et finirait par devenir humiliante ». Il en vint à estimer, avec Vannier, qu'il n'était pas « convenable à la dignité européenne » de prolonger son séjour dans un pays où il avait perdu l'espoir de se rendre utile. Le 11 décembre 1824, ayant obtenu leur congé, les deux amis quittèrent Tourane ; à Saigon, ils se rendirent auprès du gouverneur de la Basse-Cochinchine, *Lê-văn-Duyệt*, l'ancien compagnon de luttes de Gia-long, qui les reçut fort bien et leur envoya une garde d'honneur.

Peu de temps après leur départ de Hué, la frégate la *Thétis* et la corvette l'*Espérance*, sous le commandement de Bougainville, arrivèrent à Tourane. Bougainville était porteur d'une nouvelle lettre de Louis XVIII ainsi que de présents. Il fit demander audience à Minh-mạng. La réponse ne se fit pas attendre ; personne ne pouvant interpréter ni lire la lettre du roi de France, il n'était pas possible de la recevoir; mais l'empereur, pour remercier Bougainville d'être venu de si loin, lui envoyait des vivres et des présents.

En réalité, Minh-mạng ne voulait plus avoir de relations avec les Européens. Sans attendre le départ de la *Thétis*, il promulgua un édit interdisant l'exercice du culte catholique et ordonnant de surveiller très étroitement tous les navires français venant dans le royaume, pour éviter qu'ils n'y introduisissent des missionnaires.

L'année suivante (1826), *le neveu de Chaigneau*, ayant été envoyé en qualité de consul pour succéder à son oncle, se vit refuser son admission en Cochinchine en cette qualité, et dut repartir pour la France. Ce fut la fin des relations officielles entre la France et l'Annam ; quant aux relations commerciales, elles allèrent en périclitant.

61. — LA FIDÉLITÉ DE LÊ-VĂN-DUYỆT. — Les navires qui vinrent après 1826 furent l'objet de toutes sortes de mesures malveillantes. Minh-mạng lui-même ayant acheté des marchandises européennes pour une valeur d'environ six à sept mille francs, voulut les payer en sapèques, c'est-à-dire en une monnaie qui n'avait pas cours hors de l'Annam. Les navires français ne firent plus alors de voyages qu'à Saigon, dont le gouverneur Lê-văn-Duyệt était resté l'ami des Français, car il reconnaissait les services éclatants qu'ils avaient rendus à Gia-long. (J. SILVESTRE.)

Lê-văn-Duyệt, raconte le fils de Chaigneau, osa « tenir tête à Minh-mạng et à son entourage. Il reprocha ouvertement à ce prince d'avoir foulé aux pieds la politique sage et honorable de son père, et de manquer aux devoirs de la reconnaissance envers des hommes dévoués, auxquels il devait la couronne qu'il portait. »

Lê-văn-Duyệt avait une énergie peu commune et des capacités exceptionnelles comme guerrier et comme administrateur. Partout on le redoutait, et cependant il avait la sympathie du peuple, à cause de la droiture de ses sentiments.

Il était l'un des cinq grands dignitaires du royaume, et avait eu toute la confiance de Gia-long. Celui-ci, avant de mourir, avait recommandé à Lê-văn-Duyệt de conseiller l'inexpérience de son successeur pendant les premières années de son règne, et de le défendre contre les ennemis qu'il pourrait avoir ; il avait également recommandé à son fils de suivre les conseils de ce fidèle serviteur.

Mais Minh-mạng, loin d'écouter les avis de Lê-văn-Duyệt, fit tout le contraire de ce qu'il conseillait, et au lieu de reconnaître sa loyauté et son dévouement, il lui voua une haine implacable. Cependant il n'osa pas lui retirer son gouvernement de Saigon, pas même le persécuter, tant il redoutait et la popularité et l'ascendant de ce vétéran glorieux, mandataire de son père, son propre tuteur et son précepteur, que la grandeur de ses services avait rendu à peu près inviolable.

Mais dès que Lê-văn-Duyệt fut mort (en 1832), Minh-mạng ordonna qu'un procès posthume fût fait contre lui ; Lê-văn-Duyệt fut condamné. Son tombeau fut détruit, et à la place, on éleva un poteau chargé de chaînes avec cette inscription : « Ici est enchaîné l'eunuque, conformément à la loi. » (1)

62. — LES PERSÉCUTIONS ET LES RÉVOLTES. — En même temps, les *persécutions* reprirent contre les chrétiens. Un nouvel édit (1833), plus sévère encore que celui de 1825, fut promulgué et suivi bientôt de cruelles mesures de répression. Un missionnaire fut condamné à être étranglé et exécuté à Hué ; un Annamite catholique, capitaine de la garde impériale, fut décapité sur l'emplacement d'une église détruite ; d'autres furent suppliciés en divers points du royaume. La persécution s'étendit dans les provinces du Sud, où les mandarins reçurent l'ordre d'appliquer les édits et de fermer les églises.

A ce moment, des troubles éclatèrent. L'un des officiers de Lê-văn-Duyệt, nommé Lê-văn-Khôi, se mit à la tête des révoltés ; en peu de temps la population fut soulevée ; le gouverneur et le trésorier de Saigon, attaqués dans la citadelle, furent mis à mort. Lê-văn-Khôi rassembla ses partisans et le peuple de la ville ; il rappela les mérites de Lê-văn-Duyệt, les injures faites à sa mémoire ; il ac-

---

(1) Le tombeau de Lê-văn-Duyệt a été reconstruit sous Thiệu-trị ; il a été déclaré propriété nationale par le Gouvernement français.

cuṣa Minh-mạng de tyrannie, et proposa de proclamer empereur à sa place l'un des fils du prince Cảnh.

Malheureusement, ce fils de l'ancien pupille de l'évêque d'Adran n'était pas à Saigon ; il était à Hué, au pouvoir de son oncle, qui le fit aussitôt mettre à mort.

Cependant Lê-văn-Khôi, maître de la Basse-Cochinchine, y organisa un gouvernement au nom de ce prince. Minh-mạng, inquiet de voir l'insurrection se développer, envoya pour la réduire de grandes forces de terre et de mer sous les ordres de *Trương-minh-Giảng*. Des défections se produisirent parmi les rebelles à l'annonce de l'arrivée des troupes impériales ; Lê-văn-Khôi dut battre en retraite et s'enfermer avec deux mille hommes environ dans la citadelle de Saigon.

Trương-minh-Giảng commença aussitôt le siège de la place. En 1834 les Siamois, appelés par Lê-văn-Khôi, envahirent les provinces de Hà-tiện et de Châu-đôc, mais se débandèrent bientôt et commencèrent à piller le pays ; les soldats de Trương-minh-Giảng n'eurent pas de peine à les battre. En toute hâte, emportant tout ce qu'ils purent conserver de leur butin, ils repassèrent la frontière.

Le siège de Saigon fut mené avec une vigueur nouvelle ; cependant il dura plusieurs mois encore ; le 9 septembre 1835 seulement, après un bombardement ininterrompu de trois jours et trois nuits, l'assaut fut donné et la place enlevée.

Khôi était mort pendant le siège ; mais Trương-minh-Giảng s'empara de son fils, âgé de sept ans à peine, et l'envoya à Minh-mạng avec quatre chefs des révoltés et un missionnaire, Marchand, trouvé avec eux dans la citadelle et accusé d'avoir favorisé la rébellion. Transportés tous à Hué, enfermés dans les cages, ils furent condamnés à la mort lente ; ils subirent ce terrible supplice le 30 novembre 1835.

Quant aux rebelles, joints aux personnes présentes dans la citadelle au moment de la capture, ils furent massacrés dans la plaine des tombeaux au nombre de près de deux mille. Ainsi l'insurrection fut noyée dans le sang.

A la même époque, des désordres s'étaient aussi produits au

Tonkin. Un soi-disant rejeton de la famille des Lê, nommé *Lê-duy Luong*, avait soulevé, en **1833**, Ninh-bình et Hưng-hóa, mais la répression avait été rapide ; sans grandes ressources, Lê-duy-Lương avait été défait, capturé, envoyé à la capitale et torturé. Un autre agitateur, du nom de *Nông-văn-Mân*, eut le même sort après avoir promené ses bandes dans les régions de Tuyên-quang, de Cao-bằng, de Thái-nguyên et de Lạng-sơn.

Minh-mạng accusa les missionnaires et les catholiques indigènes d'avoir pris part à ces révoltes. Ce fut pour lui un prétexte de reprendre les persécutions. Un nouvel édit parut en 1836, menaçant de la peine de mort tout prêtre européen saisi dans le pays, ainsi que les personnes qui l'auraient caché ; sept missionnaires furent tués de **1834** à **1838** ; au cours de l'année **1838**, les exécutions capitales contre les missionnaires et les indigènes chrétiens atteignirent leur plus haut degré.

Deux ans après, Minh-mạng envoya en France une ambassade composée de trois mandarins de rang inférieur, on ne sait pour quelle raison ; peut-être était-il inquiet des conséquences de sa politique et voulait-il sonder l'opinion du gouvernement de Louis-Philippe. Ses ambassadeurs furent renvoyés sans avoir obtenu d'audience du roi.

Minh-mạng mourut avant leur retour, le **11** janvier **1841** ; il était âgé de 5o ans et avait régné 2o ans.

Questions. — **59**. — *Racontez ce que vous savez de la mort de Gia-long. Quel fut son successeur ? Quand monta-t-il sur le trône ? Quand reçut-il l'investiture de la Chine ? Qu'est-ce qui caractérise son œuvre d'administrateur ? Fut-il un lettré ? Connaissez-vous une de ses œuvres ? Quels ouvrages historiques furent faits sous son règne ?*

60. — *Quand Chaigneau revint-il à Tourane ? Comment fut-il accueilli par Minh-mạng ? Comment Minh-mạng répondit-il à la lettre de Louis XVIII ? Qu'est-ce qui décida Chaigneau à quitter Hué de nouveau ? Quand partit-il ? Quelles étaient les intentions de Minh-mạng en ce qui concerne les Européens ? Comment finirent les relations officielles avec la France ?*

61. — *Que furent les relations commerciales ? Pourquoi les na-vires allaient-ils à Saigon ? Parlez de Lê-văn-Duyệt ; que reprocha-t-il à Minh-mạng ? Comment se conduisit Minh-mạng après la mort de Lê-văn-Duyệt ?*

62. — *Parlez des persécutions contre les chrétiens. Racontez les troubles du Sud. Qui était le chef des révoltés ? Comment fut réprimée la révolte ? Que se passa-t-il alors au Tonkin ? Les persécutions de 1834 à 1838. Quand mourut Minh-mạng ? Quel âge avait-il ?*

XX. — LE RÈGNE DE THIỆU-TRỊ.

63. — Thiệu-trị. — *Miên-tôn*, fils de Minh-mạng, succéda à son père le 12 février **1841**. Il était né le 16 juin 1807 ; il prit à son avènement le titre de période de Thiệu-trị (1).

Le nouveau souverain montra moins de haine que son père à l'égard des étrangers ; mais il n'abolit point cependant les édits de proscription et laissa les prisons regorger de chrétiens. L'opinion, en France, avait commencé à s'émouvoir, et sous le règne de Thiệu-trị le gouvernement français eut à intervenir.

Le 25 février **1843**, une corvette française entra dans la baie de Tourane, et le commandant, *Favin-Lévêque*, demanda la mise en liberté de cinq missionnaires qu'il savait enfermés dans l'une des prisons de Hué. Les mandarins annamites essayèrent de tous les moyens pour résister à cette réclamation. Mais Favin-Lévêque fit preuve d'une attitude si résolue, menaçant d'aller en personne à Hué exiger l'élargissement des prisonniers, que satisfaction lui fut donnée au bout de trois semaines.

En **1845**, un évêque, nommé Lefèvre, avait été condamné à mort à Hué. Le contre-amiral *Cécille*, commandant la division française des mers de Chine et du Japon, envoya la corvette *Alcmène* réclamer sa mise en liberté. L'évêque fut relâché ; il avait subi onze mois de détention.

---

(1) Comme son père, le nouveau souverain était un lettré ; il cultivait la poésie et s'intéressait à l'histoire.

C'est ainsi qu'il a fait réunir en un recueil, dont le premier volume fut publié en 1852 sous le titre *Đại-nam liệt truyện tiền biện*, toutes sortes de renseignements concernant les principaux personnages de l'Annam.

Il a écrit également des poésies sur des sites célèbres, *Ngự đề danh thắng đồ hội thi tập*, et en a composé aussi à l'occasion d'un voyage au Tonkin, *Ngự chế bắc tuần thi tập*. Il a enfin célébré les hauts faits de ses armées dans un recueil intitulé *Ngự chế võ công thi tập*.

Thiệu-trị avait sans contredit cédé à la crainte ; mais la leçon qu'il avait reçue n'eut pas le résultat de mettre fin aux persécutions. Le contre-amiral Cécille avait été remplacé, au commencement de l'année 1847, par le capitaine de vaisseau *Lapierre* qui, saisi des plaintes qui arrivaient à Macao sur la situation des Français en Annam, envoya un navire à Tourane.

Rigault de Genouilly qui le commandait, était chargé de faire parvenir à Thiệu-trị une lettre de protestation, et de demander qu'à l'exemple de la Chine, l'Annam permît le libre exercice de culte catholique (1). Lapierre, avec la frégate la *Gloire*, suivit de près le commandant Rigault de Genouilly. Le mandarin de Tourane fit des difficultés pour recevoir la lettre adressée à Thiệu-trị, demanda un délai, fit des réponses insolentes. Bref, au bout d'un mois, les affaires n'étaient pas plus avancées qu'au premier jour.

Mais les officiers français s'aperçurent que cinq corvettes annamites mouillées dans le port faisaient des préparatifs de combat, que les forts se garnissaient de troupes ; ils reçurent avis que Thiệu-trị avait donné l'ordre de les anéantir avec leurs marins. Dans la matinée du 14 avril, on vit des jonques de guerre se mettre en mouvement après avoir embarqué des troupes. Lapierre envoya un officier au mandarin, l'avertissant que si ces jonques ne s'arrêtaient pas, il ouvrirait le feu. Aucun compte ne fut tenu de cet ultimatum. Alors les navires français commencèrent le feu ; les corvettes annamites et les forts rispotèrent aussitôt. Mais leur tir était mal réglé ; au bout d'une heure, la flotte annamite était détruite. Lapierre ne débarqua point de troupes, ne prit possession d'aucun point du territoire ; le lendemain il mit à la voile et quitta les eaux de Tourane.

Thiệu-trị, en apprenant ces faits, entra dans une violente colère ; il envoya dans les provinces un édit par lequel il mettait à prix la tête des missionnaires et ordonnait de tuer tous les Européens qu'on trouverait. D'autre part, craignant que les Français ne s'en tinssent

---

(1) A la suite du traité de commerce et d'amitié conclu à Whampoa, le 24 octobre 1844, entre la France et la Chine, un édit impérial fut promulgué à Pékin le 20 février 1846, autorisant la construction des églises et l'exercice de la religion du « Seigneur du Ciel ».

pas à la démonstration de Tourane, il fit exercer des troupes, fabriquer des armes, amasser des munitions.

Mais il mourut quelques mois après la destruction de ses vaisseaux, le 4 novembre **1847**.

64. — LES AFFAIRES DU CAMBODGE. — Sous le règne de Thiệu-trị, le gouvernement annamite eut à s'occuper encore de la situation du *Cambodge*, car le Siam n'abandonnait pas ses projets de démembrement, et se trouvait toujours prêt à profiter des moindres troubles.

En 1830 déjà, sous le règne de Minh-mạng, le gouverneur d'une province s'étant révolté contre l'autorité royale, les Siamois s'étaient empressés d'intervenir. Le général *Bodin* vainqueur, deux ans auparavant, d'une insurrection laotienne, avait envahi le pays et défait les troupes royales. *Ang-Chan* s'était réfugié en Cochinchine et avait fait appel aux Annamites. Ceux-ci s'étaient aussitôt portés à la rencontre de l'armée siamoise qui descendait le Mékhong pour compléter sa conquête, et lui avaient infligé de telles pertes qu'elle avait dû battre en retraite.

Mais, peu de temps après, au moment de la révolte de *Lê-văn-Khôi*, les Siamois étaient revenus (1) ; vaincus de nouveau par les armées de Minh-mạng, ils avaient été chassés du Cambodge. *Trương-minh-Giảng*, chef des forces annamites, pour prévenir tout retour offensif, avait placé une forte garnison à Phnom-penh.

En 1834, à la mort de Ang-Chan, il plaça sur le trône une fille du roi défunt, nommée *Ang-Mey*. Alors deux oncles de la princesse, se trouvant lésés, excitèrent une révolte. L'un d'eux fut saisi et envoyé à Hué (où il vécut prisonnier jusqu'en 1845) ; l'autre put s'enfuir.

Mais l'ordre ne fut pas rétabli pour cela, et le pays tout entier tendait à se soulever contre les administrateurs annamites. Le Siam envoya de nouveau le général Bodin qui chassa les troupes d'occupation jusqu'aux confins de la Cochinchine. Là, combattant sur leur

---

(1) Voir ci-dessus, *lecture* 62.

propre territoire, les Annamites remportèrent d'éclatants succès. Ils reprirent l'offensive, poussèrent de l'avant et réoccupèrent Phnompenh (1845) ; mais ils subirent un sérieux échec dans les environs d'Oudông.

Cette guerre menaçait de ne pas finir. Les chefs des armées ennemies prirent l'initiative de la paix. Un traité fut conclu (juin 1846) aux termes duquel un frère du roi Ang-Chan monterait sur le trône.

Le couronnement du nouveau roi eut lieu à la fin de 1847, les deux suzerains, Annamite et Siamois, étant représentés par de hauts mandarins ; ils furent, au cours de la cérémonie, qualifiés de *père et mère* du Cambodge.

65. — LES FUNÉRAILLES DE THIỆU-TRỊ. — Un évêque français qui se trouvait dans les environs de Hué au moment de la mort de Thiệu-trị, Mgr Pellerin, a laissé des funérailles de ce souverain un récit fort intéressant auquel nous empruntons les détails suivants (1).

Lorsque Thiệu-trị mourut, on chercha des sorciers pour indiquer le jour et l'heure propices à la sépulture royale ; et lorsque cette heure fut venue, on déposa dans la bière, avec le cadavre, une multitude d'objets à l'usage du mort dans l'autre monde, tels que sa couronne, des turbans, des habits de toutes sortes, de l'or, de l'argent, et tout un ameublement de matière précieuse.

Quand Thiệu-trị eut été déposé dans la bière, on le porta dans une maison mortuaire faite exprès, et là chaque jour on immolait des buffles, des porcs et des poulets, on préparait des mets sur une table placée près du cercueil, et le nouveau roi, fils du défunt, revêtu d'habits de deuil, venait adorer son père et lui offrir des aliments. Chaque jour aussi on allumait des cierges, on brûlait de l'encens, on préparait du bétel, de l'arec, du tabac, et toutes autres choses dont le défunt avait coutume de se servir pendant sa vie. Le corps resta ainsi dans sa chambre ardente jusqu'au 21 de la cinquième lune 1848 (21 juin), jour indiqué par les devins comme propice pour commencer les funérailles. — Ce jour là, le cercueil fut porté dans une maison bâtie exprès à l'une des portes de la ville non

---

(1) Extraits du *Bulletin des amis du Vieux Hué*, 1916, avec l'autorisation du Rédacteur.

loin du fleuve. Il y resta une journée pendant laquelle on sacrifia trente-cinq gros animaux. Sur le soir, on se mit en marche. Le corps était porté par des soldats. Le nouveau roi marchait à la suite ; comme chef de la famille, il conduisait le deuil ; il allait à pied, vêtu d'un habit de coton blanc, long et à grandes manches ; sur la tête il avait une espèce de bonnet de paille ; à la main il tenait un morceau de bambou sec, et après lui, venaient les autres enfants de Thiệu-tri, puis les parents du roi défunt, tous en habits blancs et en turbans blancs.

Lorsqu'on fut arrivé au fleuve, on déposa le cercueil dans une magnifique barque faite exprès ; personne ne descendit dans cette embarcation; le corps y fut laissé seul, et le cercueil caché de manière à ce qu'il ne pût être vu de personne.

Sur le fleuve, étaient réunies toutes les barques qui devaient servir au convoi ; la route qu'on allait parcourir était couverte de tapis, de belles nattes, de pièces de soie et d'indienne ; les deux côtés du fleuve étaient également préparés et embellis avec soin. Un édit avait ordonné aux maires et aux anciens de chaque village de la province, de venir dresser chacun un autel tout le long du rivage, d'apporter de l'encens et des cierges ; et lorsque le corps passait, il fallait se prosterner à terre et pousser trois grands cris. Chaque côté du fleuve était aussi bordé d'une haie de soldats.

Voici l'ordre que suivit le convoi sur le fleuve. D'abord s'avançait la barque des bonzes montés sur une estrade, déclamant l'éloge du défunt. Ensuite venait une barque avec son estrade où l'on voyait étalée une pièce de damas soutenue par un chassis de bois ; là se trouvait, d'après les croyances annamites, une des âmes du défunt. La troisième barque avait aussi son estrade, sur laquelle étaient du riz, des fruits, des pains et d'autres aliments.

Enfin une quatrième barque, plus curieuse que les autres, supportait également une plateforme, où s'agitaient un grand nombre de jongleurs, dont la fonction était de chasser les démons qui auraient pu inquiéter le mort. Leurs figures étaient peintes en rouge, en blanc, en noir, en jaune, en bleu, en violet, etc. ; ils avaient des habits grotesques, et tenaient à la main des sabres ou des lances de bois ; quelques-uns avaient des tisons enflammés ; ils hurlaient, pleuraient, riaient, s'épuisaient en contorsions, brandissaient leurs armes de bois ou leurs tisons de feu, et tout cela pour épouvanter les démons.

Après cette avant-garde, venait la barque du défunt, remorquée par divers canots, puis la barque du nouveau roi, et à la suite une infinité d'autres nacelles, dont les unes étaient montées par des individus portant des armes, les autres par des hommes munis de torches allumées et de fanaux.

On mit trois jours pour arriver au lieu de la sépulture qui n'est cependant, par la voie du fleuve, qu'à une quinzaine de kilomètres de la ville. Mais on allait très lentement. Enfin on arriva près du tombeau, construit dans l'intérieur d'une montagne, assez près du fleuve. Depuis le fleuve jusqu'au tombeau régnait un plancher recouvert de belles nattes, sur lequel passa le cercueil et défila tout le convoi. Le corps fut placé, à l'heure indiquée par les astrologues, dans une caverne profonde creusée dans la montagne, mais en un lieu que ne connaissent qu'un petit nombre d'initiés. Avec lui fut enfoui de l'or, de l'argent, des pierres précieuses. Puis on construisit de grands bûchers avec les barques, les estrades, tout ce qui avait servi aux funérailles ; on y plaça tout ce qui avait été à l'usage du souverain pendant sa vie (instruments de musique, éventails, parasols, lits, etc), un cheval de bois et un éléphant en carton ; le nouveau roi mit le feu à ces bûchers. Lorsque tout fut consumé, le nouveau roi et les mandarins s'en retournèrent à la ville ; il ne resta que les femmes du défunt, avec quelques soldats pour garder le sépulcre.

QUESTIONS. — 63. — *Quand Thiệu-tri succéda-t-il à son père ? Quelle fut son attitude à l'égard des étrangers ? Pourquoi des navires français vinrent-ils en Annam en 1843, 1845, 1847 ? A la suite de quels faits et comment la flotte annamite fut-elle détruite ? Que fit Thiệu-tri pour se venger? Quand mourut-il ? Quel âge avait-il ?*

64. — *Quelle était la politique du Siam au Cambodge ? Racontez les événements de 1830. Quelle précaution prit Trương-ming-Giảng ? fut-elle suffisante ? Que se passa-t-il à la mort du roi Ang-Chan ? Décrivez les alternatives de la lutte entre Siamois et Annamites ; comment et quand se termina-t-elle ?*

65. — *Racontez les funérailles de Thiệu-tri.*

XXI. — LES FRANÇAIS EN BASSE—COCHINCHINE.

66. — Tự-Đức. Traité de 1862 avec la France. — *Hồng-nhậm*, fils de Thiệu-trị, avait été désigné comme héritier présomptif peu de temps avant la mort de son père ; il avait 19 ans quand il monta sur le trône, le 29 octobre **1848** ; il prit le titre de période de Tự-đức.

Il avait l'intelligence vive et l'esprit cultivé. Il fut certainement un des plus grands lettrés de l'Annam. Il a donné des Annales des commentaires très judicieux ; d'autre part, il a réuni en un recueil les sages préceptes que chaque jour lui dictait sa mère.

La 2e année de son règne, il reçut l'investiture de la Chine. Mais, à la différence de ses prédécesseurs, il ne se rendit point à Hanoi ; les envoyés impériaux vinrent la lui conférer à Hué (**1849**). Le souverain remplit avec exactitude, pendant toute la durée de son règne, le devoir du tribut et se comporta en vassal fidèle de l'Empereur chinois.

D'abord, il ne parut pas mal disposé vis-à-vis des chrétiens ; mais il ne tarda pas à reprendre les persécutions contre eux. En **1851** et en **1852**, deux missionnaires furent décapités. Le gouvernement français ayant envoyé des ambassadeurs spéciaux pour présenter ses réclamations au gouvernement annamite, celui-ci refusa d'entrer en relations avec eux, et dès qu'ils furent partis, Tự-đức fit afficher partout des proclamations injurieuses à l'adresse des Français. Peu après, deux missionnaires espagnols étaient décapités (**1857-1858**). La France et l'Espagne se décidèrent alors à agir.

En 1858, l'amiral français Rigault de Genouilly, à la tête d'une flotte franco-espagnole (1), se présenta devant Tourane. Il somma le mandarin de la ville de rendre les forts. N'obtenant aucune ré-

---

(1) Quatorze bâtiments dont un aviso espagnol.

ponse, il commença le bombardement, et en quelques heures Tourane fut prise (1ᵉʳ septembre 1858).

De Tourane, l'amiral Rigault de Genouilly se dirigea vers Saigon, plus puissamment fortifiée et qui fut mieux défendue, mais qui n'en fut pas moins prise en deux jours (17-18 février 1859).

Peu après, l'amiral *Page* arrivait de France. Il avait pour mission de décider **Tự-đức** à la paix : le gouvernement français n'exigeait ni contribution de guerre ni cession de territoire ; il demandait seulement la liberté de prédication pour les missionnaires et l'autorisation d'avoir des consuls en Annam.

Tự-đức laissa entamer les négociations ; mais pendant que son ambassadeur discutait avec celui du gouvernement français, il faisait attaquer les troupes franco-espagnoles laissées à Saigon, par un de ses plus habiles généraux, *Nguyễn-tri-Phương*. Malgré leur nombre et la multiplicité de leurs attaques, les troupes annamites échouèrent et durent lever le siège de Saigon. **Tự-đức**, qui avait d'ailleurs au même moment, à combattre au Tonkin la révolte d'un prétendant, *Lê-Phúc*, se disant descendant des Lê, dut signer avec les Français et les Espagnols un « traité de paix et d'amitié » (5 juin 1862).

Il s'engageait d'une part, à céder à la France les *provinces orientales* (Gia-định, Biên-hoà, Mỹ-thơ) et les îles de Poulo-Condore ; d'autre part à ne céder aucune partie de son territoire sans l'assentiment de la France.

En outre, il devait payer une indemnité de guerre de 20 millions, autoriser la prédication du christianisme et ouvrir au commerce plusieurs ports, parmi lesquels Tourane (1).

67. — L'ANNEXION DES PROVINCES OCCIDENTALES. — Bien que la paix fut signée, des agents provocateurs de troubles excitaient le peuple annamite à la révolte contre la France. Ils étaient plus ou

---

(1) L'annexion par la France d'une partie de la Cochinchine eut pour conséquence d'autre part, l'établissement du protectorat français sur le Cambodge (traité du 11 août 1863). Voir H. RUSSIER, *Histoire sommaire du royaume du Cambodge*.

moins ouvertement soutenus par la cour. L'amiral *Bonard*, alors
commandant en chef, voulut faire connaître publiquement au peuple
annamite les véritables intentions de la France.

« Le peuple annamite, disait l'une de ses proclamations, étant depuis
longtemps accoutumé à regarder le chef du royaume comme son père,
répugne, dit-on, à le renier pour en prendre un autre. Le Gouvernement
n'entend pas que les anciens sujets du roi d'Annam deviennent les ennemis de ce roi qui, d'après le traité, est aujourd'hui l'ami de l'Empereur
des Français... La cession des provinces que le souverain de l'Annam
a faite à Sa Majesté est comme un mariage, où la jeune fille accordée à
son fiancé, tout en devant obéissance à ce dernier, ne renie pas pour
cela son père. L'épouse, bien traitée par celui qui la protège et veille
à ses besoins, perd bientôt toute appréhension et, sans oublier ses parents, finit par aimer son mari. Ainsi il adviendra du peuple annamite,
quand il sera bien convaincu, par des faits et non par de vaines paroles,
que les Français, loin de vouloir le dévorer, le défendent contre ses op-
presseurs, et que, protégeant tous les gens tranquilles, ils ne font la
guerre qu'aux voleurs et aux pirates. »

Dans une autre proclamation, il déclarait :

« Ceux qui disent que l'empereur d'Annam ne veut pas le bien de son
peuple sont des fourbes qui ne reconnaissent aucune loi, aucune règle,
si ce n'est celle de la force ou de la ruse.

En effet, qu'est-ce donc que toutes ces autorités ridicules, qui se donnent à elles-mêmes les titres militaires les plus élevés pour venir enlever vos enfants, vos moissons et vos richesses ? Autorités que l'on voit
se faisant partout construire des forts qui ne servent à rien contre un
ennemi qui n'existe pas ; des forts qu'ils ne savent pas défendre, mais
d'où ils s'élancent comme d'un repaire de tigres, pour profiter des récoltes qu'ils n'ont pas semées !

Que le peuple réfléchisse donc à tous les malheurs, à toutes les pertes
qu'il a éprouvées, en suivant ces funestes conseils ! Bientôt il verra que
ses véritables ennemis sont ces chefs de bandes, et non les Français ;
bientôt aussi il reconnaîtra qu'il ne peut recouvrer la tranquillité et l'a-
bondance que lorsque, contribuant à livrer tous ces chefs, il aura purgé
le pays de tyrans parés de titres auxquels ils n'ont aucun droit.

En signant le traité de paix, S. M. Tự-đức a donné l'ordre à tous ces personnages de comédie de rentrer paisiblement chez eux, de déposer leurs titres, leurs armes et tous leurs habits d'emprunt.

Pendant de long mois, le gouvernement a attendu que ces orgueilleux, véritables fléaux du peuple, exécutent ces ordres, obéissent à la raison et abandonnent enfin une résistance devenue impossible. Mais aujourd'hui, il faut qu'on le sache, le temps de la patience est fini ! »

Tự-đức essaya de racheter les provinces qu'il avait dû céder. En 1863, il envoya une ambassade en France dans ce dessein, mais ce fut sans succès. Tự-đức crut alors que la violence réussirait. Il favorisa partout des révoltes contre l'autorité de la France. A bout de patience, le gouvernement français annexa purement et simplement les trois provinces occidentales que Tự-đức avait conservées : Vĩnh-long, Châu-đốc et Hà-tiên.

68. — PHAN-THANH-GIẢNG. — Les provinces occidentales avaient alors pour vice-roi le mandarin *Phan-thanh-Giảng*, l'un des hommes les plus remarquables de l'Annam. Lorsqu'éclata la guerre entre la France et l'Annam, il avait seul osé, mais en vain, conseiller la paix. Quand la Cour de Hué fut réduite aux extrémités, ce fut lui que le roi chargea des négociations. Phan-thanh-Giảng conclut la paix et obtint, par son habileté diplomatique, la rétrocession de la province de Vĩnh-long. Il fut alors envoyé en ambassade à Paris (1863), puis à son retour, nommé vice-roi des trois provinces de l'Ouest.

Il avait depuis longtemps compris qu'il était impossible de résister à la France, et jugeait inutile une lutte où ne coulait que le sang des Annamites. Il espérait que le traité de paix serait fidèlement exécuté, que ses compatriotes deviendraient les élèves des Français et comme les disciples de la civilisation française.

Lorsque le gouvernement français, las des attaques perpétuelles qui, malgré les efforts de Phan-thanh-Giảng, partaient des trois provinces occidentales, eut décidé d'annexer ces provinces, Phan-thanh-Giảng ne tenta pas une résistance qu'il savait d'ailleurs absolument inutile.

Se rendant auprès de l'amiral *de la Grandière* dont la flottille

venait de mouiller en face de Vĩnh-long, il apporta lui-même sa
soumission, formulée dans les termes les plus dignes, sans rien demander pour lui, se préoccupant surtout du sort qui serait fait à
ses administrés. Quand il redescendit à terre, se trouvant au milieu des indigènes rassemblés sur les quais, il leur adressa quelques
paroles pour les engager au calme.

Quelques jours plus tard, ayant réuni sa famille autour de lui, il
fit à tous ses dernières recommandations, fit préparer son cercueil
et se donna la mort par le poison, le 5 juillet 1867. Il mourut
dans une pauvre maison en chaume qu'il avait habitée pendant le
temps de son gouvernement, voulant ainsi donner à chacun l'exemple de l'abnégation, de la pauvreté et de l'intégrité scrupuleuse
dans l'exercice des plus hauts emplois (1).

Le gouvernement français lui fit de belles funérailles. Le cercueil fut conduit par une canonnière au canton de Bảo-thành (province de Bên-trẻ) où était né Phan-thanh-Giảng et où il avait voulu
que fût son tombeau, et les troupes françaises lui rendirent les
derniers honneurs.

69. — Les premiers gouverneurs de la Cochinchine. — Les premiers gouverneurs, en particulier les amiraux Bonard et de la Grandière s'occupèrent d'organiser et de mettre le pays en valeur. Grâce
à eux, Saigon se transforma comme par enchantement.

« Quand on songe, écrivait en 1866 un témoin de ces transfor-
mations, à ce qu'était Saigon il y a quatre ans, aux marécages qui
en couvraient une partie, aux cimetières qui en occupaient une
autre et laissaient exhaler pendant les pluies de redoutables
effluves, aux cases en paillotes qui servaient de demeures à
tous les Français ; quand, d'un autre côté, on met en balance
les canaux creusés, les plaines assainies, les grandes voies tracées,
les constructions solides élevées de toutes parts, l'agglomération
sans cesse croissante des habitants, on ne peut méconnaître l'activité

---

(1) D'après Luro, *Le pays d'Annam*, et Silvestre, *La politique
française en Indochine.*

déployée par le Gouverneur. » (SEPTANS, *Les Commencements de l'Indochine française.*)

C'est encore aux amiraux-gouverneurs et à leurs collaborateurs immédiats, Aubaret, Vial, Luro, Philastre, que remonte cette première organisation de l'administration qui a tant contribué aux progrès et à la prospérité de la Cochinchine. On avait conservé l'organisation administrative indigène avec ses phù, ses huyện, ses chefs de canton, ses notables de village ; mais, au-dessus, on avait constitué un corps de fonctionnaires européens ayant le titre d'inspecteurs des affaires indigènes. Les inspecteurs des affaires indigènes, formés pour la plupart au Collège des Stagiaires à Saigon, aidés d'un ou de deux interprètes et lettrés annamites, avaient pour principales attributions de lever les impôts, de faire la police et de rendre la justice.

Enfin les amiraux améliorèrent et multiplièrent les voies de communication (canaux ou routes) ; ils firent creuser des fossés pour l'assainissement des régions basses et insalubres ; ils ouvrirent dans tous les centres importants des écoles où l'on enseigna le quôc-ngữ. En quelques années, le budget de la colonie était passé de 3 à 20 millions, les dépenses étaient de 14.000.000 francs, dont 3 millions et demi pour les travaux publics ; enfin la Colonie exportait déjà 6 millions de piculs de riz.

En 1879, les amiraux-gouverneurs furent remplacés par des gouverneurs civils.

QUESTIONS. — **66.** — *Qui succéda à Thiệu-trị ? Que savez-vous de Tự-đức ? Fut-il un tributaire fidèle de la Chine ? Quelle fut son attitude vis-à-vis des chrétiens ? Pourquoi la France et l'Espagne durent-elles intervenir ? Comment et quand Tourane et Saigon furent-elles prises ? Que se passa-t-il pendant les négociations de paix ? Quelles sont les principales dispositions du traité de paix et d'amitié signé le 5 juin 1862 ?*

67. — *Le pays d'Annam fut-il réellement pacifié après la paix ? Quels étaient les véritables auteurs des troubles ? Quelles étaient les intentions de la France ? Qu'espérait Tự-đức ? Que fit-il ? Pourquoi la France annexa-t-elle les provinces occidentales ?*

68. — *Quelle était la conduite de Phan-thanh-Giản ? Que pensait-il au sujet du traité de paix ? Que fit-il quand la France eut décidé d'annexer les provinces occidentales ? Comment mourut-il ?*

69. — *Quels furent les premiers gouverneurs de la Cochinchine ? Comment administrèrent-ils le pays ? Quels furent leurs principaux collaborateurs ? Qu'étaient les inspecteurs des affaires indigènes ? Où étaient-ils formés ? Quelles furent les principales réformes que les gouverneurs réalisèrent ? Quand les amiraux furent-ils remplacés par des gouverneurs civils ?*

XXII. — LES FRANÇAIS AU TONKIN.

70. — L'EXPÉDITION FRANCIS GARNIER (1873). — En abandonnant la Cochinchine, Tự-đức n'avait pas désarmé. Ses continuelles tentatives d'échapper aux engagements qu'il avait pris et de ne pas respecter les traités qu'il avait signés, finirent par obliger la France à intervenir au Tonkin.

Un commerçant français, *Jean Dupuis*, était en relations d'affaires avec le vice-roi du Yun-nan, à qui il fournissait des armes et des munitions. Il avait formé le projet d'atteindre le Yun-nan en remontant le Fleuve Rouge, car cette voie lui paraissait plus courte que celle du Yang-tseu-kiang. Mais les mandarins annamites s'opposèrent à ce qu'il naviguât sur ce fleuve. Jean Dupuis s'en plaignit au gouverneur de Saigon, l'amiral *Dupré*. Un officier de la marine française, inspecteur des affaires indigènes de Cochinchine, *Francis Garnier*, fut envoyé avec quelques soldats, pour faire une enquête sur cette situation et pour essayer d'ouvrir au commerce le pays du Tonkin.

Dès son arrivée, il annonça ses intentions dans deux proclamations.

« Vous vous rappellerez, disait-il à ses troupes, que vous êtes au milieu de populations inoffensives et malheureuses ; que votre séjour au milieu d'elles ne doit pas être une charge ajoutée à toutes celles qui pèsent déjà sur elles ; qu'il doit inaugurer, au contraire, une ère de soulagement et de paix. Vous vous efforcerez de faire aimer et respecter le drapeau qui vous abrite, en ne négligeant aucune occasion de vous rendre utiles, en vous montrant en toute circonstance, justes et bienfaisants. »

D'autre part, s'adressant aux populations du Tonkin, il leur faisait savoir que « les mandarins du noble royaume annamite étant venus à Saigon demander assistance », l'amiral l'avait envoyé « pour voir comment les choses se passaient » ; il disait que les Français voulaient chasser les pirates qui désolaient les côtes du Tonkin, et désiraient procurer au pays la facilité de faire le commerce, et par là lui apporter la richesse et la paix. « Telles sont nos intentions, concluait-il ; nous vous les faisons connaître à tous, mandarins, soldats et populations du Tonkin. »

Dès sa première visite au général *Nguyễn-tri-Phương* qui commandait à Hanoi, il lui dit : « Je viens sur l'ordre du Gouverneur de Saigon, m'entendre avec vous dans le but de poser les bases d'un traité de commerce entre les deux nations. Par ce traité nous ouvrirons au commerce et à la navigation le fleuve du Tonkin, et votre pays en retirera les plus grands avantages. J'espère que vous voudrez bien vous concerter avec moi pour le règlement de toutes les questions que cette décision pourrait soulever, et particulièrement pour l'établissement des droits de douane. »

Malgré la présence à Hanoi d'un envoyé de Tự-đức venu pour s'occuper de ces questions, le général répondit qu'il ne pouvait rien décider sans en référer à Hué ; Francis Garnier dit alors : « J'attendrai la réponse de la cour. »

Cependant le général ne songeait qu'à empêcher Garnier de remplir sa mission. Il fit afficher une proclamation où il interdisait à tout commerçant, annamite ou chinois, d'entrer en relations avec les Français. Les marques d'hostilité ne se bornèrent pas là ; plusieurs fois on tenta d'empoisonner l'eau destinée aux marins et aux soldats ; des fusées incendiaires furent lancées sur le camp, on essaya de faire sauter le magasin à poudre de Dupuis.

Garnier ne pouvant plus agir pacifiquement, fut obligé de recourir à la force. Le 20 novembre 1873, avec sa poignée d'hommes (180 matelots et soldats), il enleva la citadelle. Après ce succès, il adressa à ses troupes un ordre du jour où il disait :

« Je vous félicite de la modération que vous avez montrée vis-à-vis des vaincus, de l'humanité que vous avez témoignée aux blessés. Continuez à honorer le pavillon français, en respectant scrupuleusement les propriétés privées, en vous abstenant de toute destruction inutile, en protégeant les habitants inoffensifs. »

Au cours du mois suivant, les lieutenants de Garnier (*de Trentinian, Balny d'Avricourt, Hautefeuille*) s'emparèrent des villes du delta, Phủ-lí, Hải-dương, Ninh-bình ; Garnier lui-même prit

Nam-định. Il s'occupa sans retard d'organiser l'administration des provinces.

Tự-đức s'effraya ; il envoya des ambassadeurs à Hanoi et à Saigon pour négocier la paix ; mais en même temps, il demandait l'appui des *Pavillons Noirs*, survivants pour la plupart de la grande rebellion chinoise des T'ai-p'ing. C'est en repoussant ces pirates qui menaçaient Hanoi, que Francis Garnier trouva la mort (**21 décembre 1873**) ; mais quelques mois après, l'Annam signait avec la France un traité de paix (**15 mars 1874**).

71. — LE TRAITÉ DE 1874. — Par le traité de 1874, la France, qui tenait à se montrer aussi conciliante que possible, rendait toutes les villes du Tonkin que Garnier et ses lieutenants avaient prises. Elle reconnaissait la souveraineté de l'Annam sur le Tonkin et son indépendance vis-à-vis des puissances étrangères. Elle s'engageait à lui donner gratuitement l'appui nécessaire pour maintenir l'ordre et la tranquillité intérieurs, pour le défendre contre toute attaque et pour détruire la piraterie qui désolait une partie des côtes du royaume. Dans ce but, elle lui donnait cinq bateaux à vapeur, 100 canons et 1.000 fusils avec les munitions nécessaires. Elle lui faisait remise, en outre, du reste de l'indemnité de guerre que l'Annam n'avait pas encore entièrement payée. Enfin, elle s'engageait à mettre à la disposition du roi des instructeurs militaires et marins en nombre suffisant pour reconstituer son armée et sa flotte, des ingénieurs et des chefs d'ateliers pour diriger les travaux qu'il voudrait faire entreprendre, des hommes experts en matière de finances pour organiser le service des impôts et des douanes, des professeurs pour fonder un collège à Hué.

En reconnaissance de cette protection et de ces services, Tự-đức s'engageait à conformer sa politique extérieure à celle de la France et à ne rien changer à ses relations diplomatiques telles qu'elles existaient au moment de la signature du traité. Dans aucun cas, le roi d'Annam ne pourrait faire avec une autre nation un traité en désaccord avec celui qu'il avait conclu avec la France, et ne devait faire aucune négotiation sans en avoir d'abord informé le gouvernement français. La cour de Hué reconnaissait en outre, la pleine souveraineté de la France sur les cinq provinces de la Cochinchine cédées en 1862 ou annexées en 1867. Elle accordait la liberté religieuse aux missionnaires européens et aux chrétiens indigènes. Enfin, elle autorisait le commerce entre la mer et le Yun-nan par le Fleuve Rouge.

72. — L'EXPÉDITION HENRI RIVIÈRE. LES TRAITÉS DE **1884** ET DE **1885.** — Cependant, dès que la paix fut signée, Tự-đức essaya une fois de plus de ne pas tenir ses engagements. Il envoya une ambassade à l'empereur de Chine, marquant ainsi qu'il se considérait comme son vassal. D'autre part, il suscita aux représentants français toute sorte de difficultés, favorisant la piraterie et le brigandage ; il persécuta les Annamites qui avaient fait preuve de bons sentiments à l'égard de la France.

La situation devenait si difficile que dans les premiers mois de 1882, le gouverneur de la Cochinchine envoya au Tonkin une petite troupe commandée par un officier de marine, *Henri Rivière*. Il fut amené, peu après son arrivée, à s'emparer de la citadelle de Hanoi **(25 avril 1882)** et, onze mois plus tard, à occuper de vive force la citadelle de Nám-định. Mais d'importantes bandes de Pavillons Noirs à la solde de Tự-đức, venaient menacer les environs de Hanoi, et au cours d'une reconnaissance sur la route de Sơn-tây, non loin du phủ de Hoài-đức, Henri Rivière fut tué **(19 mai 1883)**.

A la nouvelle de cette mort, l'opinion publique s'émut en France, et l'on se décida enfin à agir énergiquement au Tonkin. Le 26 mai, M. *Harmand,* qui avait été compagnon de Francis Garnier en 1873, fut appelé de Bangkok, où il était consul de France, pour remplir les fonctions de *commissaire général* civil de la République au Tonkin ; il avait autorité sur les forces de terre (corps d'occupation commandé par le général *Bouët*) et de mer (flottille du Tonkin commandée par le capitaine de frégate Morel-Beaulieu). L'amiral *Courbet* était chargé du commandement en chef de la division navale des côtes du Tonkin.

M. Harmand estimait qu'il ne serait possible d'établir la paix dans le bassin du Fleuve Rouge qu'après une « action prompte et énergique à Hué ». Le gouverneur de la Cochinchine partageait cet avis, et l'amiral Courbet s'y rangea après avoir constaté que l'opération était possible. Le Ministère, consulté, donna son approbation. La mort de Tự đức survenue le 17 juillet, et les désordres qui la suivirent à la cour, précipitèrent les événements. Le 18 août, l'amiral avec cinq vaisseaux et 2 avisos, arrivait à l'embouchure de la rivière de Hué et commençait aussitôt à bombarder les forts de Thuận-an ; le 20, les troupes de débarquement donnaient l'assaut et occupaient le fort principal ; les autres étaient abandonnés pendant la nuit par les Annamites. Dès le 21, la cour d'Annam envoyait un parlementaire ; M. Harmand déclara qu'il ne traiterait qu'à Hué. Le lendemain, dans la capitale, il présentait un traité en 27 articles au gouvernement annamite, et donnait 24 heures pour l'accepter ou le rejeter en bloc. Le 25 août, le traité était signé.

Par le traité Harmand, l'Annam reconnaissait le protectorat français, remettait à la France le soin de présider à ses relations extérieures, s'engageait à rappeler ses troupes du Tonkin et à y établir l'administration sous le contrôle de la France ; il cédait la province du *Bình-thuận* au Sud, et les trois provinces du Nord, **Thanh-hóa**, **Nghệ-an** et **Hà-tĩnh**, étaient incorporées au Tonkin. La France s'engageait à garantir l'intégrité de l'Annam et à le protéger contre les agressions du dehors et les rébellions du dedans ; elle abandonnait les sommes qui lui restaient dues.

M. Palasne de Champeaux fut laissé à Hué en qualité de Résident général, garnison fut placée dans les forts de Thuận-an, et M. Harmand s'embarqua pour le Tonkin afin de hâter la pacification du pays (d'ap. *L'affaire du Tonkin*, par *Un Diplomate* M. BILLOT).

Cependant, malgré les succès remportés par les armes françaises, la Chine s'était avisée d'affirmer sa suzeraineté sur l'Annam ; d'interminables négociations étaient menées simultanément en Chine et en Europe, tandis que, sans contestation possible, des soldats réguliers chinois combattaient au Tonkin contre les Français et que, à Sơn-tây, *Hoàng-kè-Viên* s'appuyait sur les troupes chinoises pour refuser de reconnaître le traité du 20 août.

On reconnut en France la nécessité de suspendre l'action diplomatique et de frapper des coups assez forts pour briser la résistance du gouvernement chinois. La prise de Sơn-tây (13-14 décembre **1883**), puis la prise de Bắc-ninh (12 mars **1884**) eurent un grand retentissement à Pékin. Les vice-rois du Yun-nan et du Kouang-si furent mis en accusation, les officiers vaincus furent condamnés à mort. Le 19 mars, Thái-nguyên était pris ; le 12 avril, Hưng-hóa, qu'occupaient les Pavillons Noirs, tombait aux mains des Français. La Chine ne pouvait plus continuer la guerre sans la déclarer. Elle préféra traiter.

Une convention fut signée à Tien-tsin, le **11 mai 1884** par *Li Hongtchang* et le commandant *Fournier*. Aux termes de cette convention, les troupes chinoises devaient évacuer les places de la frontière dans des délais déterminés. Mais le gouvernement de Pékin semblait ignorer les engagements pris par les signataires ; ainsi le commandant chinois de Lạng-sơn n'avait reçu aucun ordre d'évacuation. Il en résulta de regrettables incidents de frontière, à la suite desquels, le gouvernement chinois continuant à envoyer des troupes au Tonkin, l'amiral Courbet détruisit la flotte chinoise dans le port de Fou-tchéou et bombarda l'arsenal ; le blocus de Formose (T'ai-wan) fut déclaré. Sur terre, le général *Brière de l'Isle* infligeait de sérieuses pertes aux troupes chinoises : Lạng-sơn était pris le 3 février, et Tuyên-quang, qu'assiégeaient les Pavillons Noirs, était débloqué.

La Chine fut réduite à signer un nouveau traité, le 1er **juin 1885**, par lequel elle s'engageait à respecter les arrangements intervenus ou à intervenir entre la France et l'Annam, et promettait un traité de commerce, qui fut en effet conclu l'année suivante (25 avril **1886**).

La situation, du côté de l'Annam, était déjà réglée depuis un an, et la guerre entre la France et la Chine n'avait pas empêché l'Annam de traiter. A Paris, on ne voulait ni d'une conquête, ni d'une annexion immédiate, et le gouvernement de la République accepta donc de revenir sur certaines clauses du traité Harmand (sur lequel cependant reste fondée l'organisation actuelle) ; le gouvernement annamite, par l'intermédiaire de *Nguyễn-văn-Tường*, avait demandé quelques modifications qui lui furent accordées. Mais le représentant de la France, M. *Patenôtre*, exigea que le sceau envoyé par la Chine, signe de la vassalité de l'Annam, fût détruit préalablement à toute nouvelle entente. Cette formalité remplie en grande cérémonie, tous les plénipotentiaires étant présents, le traité fut signé (6 juin 1884) et le protectorat de la France définitivement reconnu. (1)

----

(1) Vers le même temps, le Cambodge se plaçait d'une manière plus étroite sous le protectorat de la France (Convention du 17 juin 1884).

QUESTIONS. — **70.** — *Comment la France fut-elle amenée à intervenir au Tonkin ? Qui était Jean Dupuis ? Pourquoi Francis Garnier fut-il envoyé au Tonkin ? Quelles paroles adressa-t-il en arrivant aux Annamites et aux troupes ? Comment fut-il accueilli par le général Nguyễn-tri-Phương ? Quelles marques d'hostilité lui furent-elles données ? Que dut-il faire ? Quel ordre du jour adressa-t-il à ses troupes après la prise de la citadelle de Hanoi ? Comment furent conquises les villes du delta ? Dans quelles circonstances et à quelle date Garnier fut-il tué ?*

71. — *A quelle date la paix fut-elle signée entre la France et l'Annam ? Quelles furent les principales dispositions du traité de paix ?*

72. — *Quelle fut la conduite de Tự-đức après la signature du traité ? Pourquoi Henri Rivière fut-il envoyé au Tonkin ? Quand entra-t-il dans la citadelle de Hanoi ? Quand et comment fut-il tué ? Qui était M. Harmand ? Quelle était son opinion sur la situation ? Racontez la prise des forts de Thuận-an. Quelles étaient les conditions du traité que M. Harmand imposa à l'Annam ? Quelle politique suivait la Chine ? Résumez les principaux événements de la guerre entre la France et la Chine. Quel traité fut signé avec l'Annam le 6 juin 1884 ? qu'exigea M. Patenôtre ?*

XXIII. — DE TỰ-ĐỨC A ĐÔNG-KHÁNH

73. — **LES SUCCESSEURS DE TỰ-ĐỨC.** — Tự-đức était mort le 17 juillet 1883.

Il avait désigné pour lui succéder un de ses fils, *Dực-đức*, et lui avait donné un conseil de régence dont les deux membres les plus influents étaient *Nguyễn-văn-Tường* et le *Tôn-thất Thuyết*, l'un ministre des emplois civils, chargé des affaires étrangères, l'autre ministre de la guerre. Le premier était un esprit cultivé et d'un sens politique très avisé ; le second, jeune, sans expérience des affaires, animé d'une haine de l'étranger qu'il était prêt à manifester.

Dực-đức ne fut pas couronné. Il fut déposé au bout de trois jours par une faction qui mit à sa place *Hiệp-hòa* (21 juillet 1883). Nguyễn-văn-Tường et le Tôn-thất Thuyết conservèrent la régence ; mais à la suite d'une nouvelle révolution de palais, Hiệp-hòa fut déposé le **30 novembre 1883**, et mourut le même jour. Il fut remplacé par l'un de ses frères nommé *Ứng-đăng* qui reçut le nom de *Kiến-phúc* ; ce nouveau souverain mourut le **31 juillet 1884**, huit mois après son couronnement, et peu après la signature du traité de paix.

Les mandarins lui donnèrent pour successeur un enfant de 13 ans, son jeune frère, le prince *Ứng-lịch*, qui reçut le nom de *Hàm-nghi*, et fut couronné le **2 août 1884**. Le jeune souverain était tenu en tutelle par la vieille mère de Tự-đức. Mais l'autorité était réellement aux mains du Cơ-mật, et principalement du ministre de la guerre, le Tôn-thất Thuyết. Celui-ci fit attaquer la petite garnison française de Hué pendant la nuit du **5 juillet 1885**, alors que le Résident général croyait la paix définitivement établie. Cette attaque n'eut d'autre résultat que d'amener les Français, forcés de se défendre, à chasser les Annamites de la citadelle. Le Tôn-thất Thuyết s'échappa emmenant avec lui le jeune roi.

L'autre régent, Nguyễn-văn-Tường, se rallia aux Français ; il les aida à obtenir des reines (la mère et la femme de Tự-đức) la déchéance de Hàm-nghi et la désignation de son successeur.

74. — ĐÔNG-KHÁNH. — Le choix se porta sur un frère aîné de Kiên-phúc appelé *Ưng-xuy* qui reçut le nom de *Đông-khánh* ; les reines avaient elles-mêmes présenté sa candidature.

C'était un prince de 23 ans, d'un abord agréable et qui fit, dès le début de son règne, preuve du plus vif désir de voir la paix régner entre la France et l'Annam. Il fut installé solennellement le 14 septembre 1885 dans le palais royal, où il arriva avec une suite formée des princes du sang et des mandarins de la cour, au milieu d'une haie de soldats français et annamites. Il témoigna devant le général de Courcy de son attachement et de sa reconnaissance à l'égard de la France. Le jour de son couronnement, il fit paraître un manifeste où on lisait :

« Les pleurs causés par la mort de Tự-đức n'étaient pas encore séchés que les poussières se sont soulevées (allusion aux troubles qui avaient suivi la mort de son père adoptif). Les peuples étaient indécis et ne savaient où s'appuyer ; soit le jour, soit la nuit, il n'y avait personne pour rendre les hommages aux reines, et sur l'autel des ancêtres, l'encens ne brûlait plus. Voyant le royaume en péril et le peuple sans maître, je dois obéir aux volontés des reines vénérées et au vœu du gouvernement. C'est pour montrer mon amour pour la nation et mon amitié pour une puissance amie que j'accepte le trône. Nous n'avons tous qu'une même volonté. »

La tâche de Đông-khánh fut d'ailleurs grandement facilitée par l'arrivée au Tonkin, le 8 avril 1886, du premier Résident général français. C'était *Paul Bert*, ancien ministre, membre de l'Institut de France.

Pour rendre plus aisée la marche des affaires, Đông-khánh avait, dès le mois de juin 1886, créé au Tonkin, un emploi de *kinh-lược*. Le kinh-lược était un très haut mandarin, représentant le gouvernement annamite auprès du Résident général. Il était investi des pouvoirs les plus étendus, mais devait rendre compte à la cour de Hué des décisions qu'il prenait.

C'est également sous le règne de Đồng-khánh que les villes de Hanoi et de Haiphong furent déclarées françaises (octobre 1888).

75. — Paul Bert au Tonkin. — Au moment de l'arrivée de Paul Bert, le pays était encore très troublé ; au Tonkin, des bandes de pirates dévastaient les rizières, interrompaient les communications, étaient en un mot une menace perpétuelle pour la population indigène. D'autre part, l'Annam était divisé entre les partisans de l'empereur Đồng-khánh et ceux de Hàm-nghi.

Les premières paroles de Paul Bert furent des paroles de paix. A peine débarqué, il adressait aux Annamites une proclamation où il leur expliquait comment la France entendait appliquer le protectorat :

« ... Le Gouvernement de la République Française m'a choisi pour le représenter et être ici l'interprète de ses volontés.

Depuis longtemps, dans mon pays, je me suis appliqué à connaître et à défendre les intérêts de ce peuple d'Annam si laborieux, si intelligent, et j'ai demandé que le peuple français lui tendît une main amicale.

L'ardent désir, qu'en toute occasion j'ai manifesté, de le voir prospérer et jouir en paix du fruit de ses riches cultures, a été la cause déterminante de la mission que l'on m'a confiée et que j'ai acceptée avec bonheur, bien que j'aie dû, pour la remplir, abandonner provisoirement mon pays et d'importants travaux scientifiques et législatifs.

Je viens chez vous avec la ferme intention d'examiner sur place la situation du pays et de m'enquérir de vos besoins.

Des malentendus nous ont divisés, nos relations ont été gravement troublées ; au lieu d'échanger paisiblement de la soie, nous avons brutalement échangé du plomb ; le sang a coulé, et nous nous sommes aperçus que les sentiments d'estime dont nous étions réciproquement animés s'altéraient dans nos cœurs. J'ai scrupuleusement étudié les causes de ces divisions regrettables ; je veux les faire cesser. Car nos peuples ne sont pas faits pour se combattre, mais pour travailler ensemble et se compléter l'un par l'autre.

La France, disait-il, est un pays prospère et riche en ressources de toute nature. Si des Français viennent se fixer sur votre territoire, il faut que vous sachiez que ce n'est nullement dans la pensée de s'emparer de vos terres ni de vos récoltes ; mais au contraire, avec l'intention d'augmenter la richesse générale en donnant de la plus-value à vos domaines, en facilitant vos exploitations agricoles, déjà si habilement conduites, par la création de voies de communication faciles, par la mise en valeur des richesses que recèlent vos mines et la protection que nous accorderons à vos transactions commerciales avec les peuples étrangers.

« Les Français ont pour cela des moyens que les Annamites ne possèdent point encore ; ils ont les capitaux, l'outillage, les ingénieurs et une grande expérience des affaires ; il sont vos frères aînés. De même que les Chinois autrefois ont amélioré votre état social en vous apportant leur civilisation, en vous initiant aux travaux de leurs législateurs, de leurs philosophes et de leurs littérateurs, de même les Français qui viennent aujourd'hui chez vous, amélioreront votre situation agricole, industrielle et économique, et élèveront encore votre niveau intellectuel par l'instruction. »

76. — L'ACTIVITÉ DE PAUL BERT. — Paul Bert, à peine installé, se mit avec passion à sa tâche. Un de ceux qui l'avaient accompagné en Indochine et qui l'approchaient de plus près nous a raconté l'emploi de ses journées.

« Paul Bert était matinal. A six heures, il était debout. Vêtu de blanc, un large casque sur sa tête rasée, bâton en main, toujours gai, il partait, avant les fortes chaleurs, et parcourait chaque jour quelque quartier de cette ville, qui sera plus tard, avec son fleuve et ses lacs, la perle de l'Orient. C'était toujours des visites intéressées ; il allait surveiller ou préparer des travaux ; et le plus souvent, il emmenait avec lui un homme du métier. Un jour, c'était le fleuve, qui, avec la crue, menaçait la Concession ; un autre jour, les terrains marécageux situés derrière la rue des Incrusteurs, à travers lesquels il projetait de faire passer des voies nouvelles ; ou bien les maisons au bord du Petit-Lac, destinées à la Résidence d'Hanoi, au Tribunal, à la Commission municipale, etc. ; ou enfin la Douane, qu'un banc de sable allait rendre inaccessible aux bateaux, etc., etc...

Souvent aussi, c'étaient d'autres et de plus tristes occupations. Il allait à la citadelle, visiter l'hôpital ou assister à un enterrement. Hanoi était le lieu d'évacuation de tous les malades et blessés du Haut-Tonkin. Plus d'un mourant, militaire ou civil, y était amené d'un poste lointain. Et malheureusement, il ne se passait guère de semaine sans que l'on fût convié à de tristes cérémonies. M. Paul Bert assistait à toutes. En sortant du cimetière, il passait à l'hôpital et assistait à la visite avec les médecins...

Statue de Paul Bert à Hanoï.

Après ces sorties matinales, il arrivait à son cabinet vers sept heures et demie... Après onze heures, nous voyions, derrière les volets, si la séance se prolongeait, passer et repasser discrètement une forme blanche... Vers onze heures et demie, la porte s'ouvrait : c'était Nam ou Tho, le chef des boys, qui venait annoncer le déjeuner. M. Paul Bert ne le voyait jamais. C'était toujours l'un de nous qui signalait la présence de ce messager de paix et de repos. « Bon ! bon ! j'y vais ! » Et il continuait, jusqu'à ce que de gré ou de force, il fût enlevé par quelqu'un de sa famille. « Allons ! puisqu'il le faut ; nous reprendrons cela demain. » Et il s'en allait.

A deux heures, il était de retour, le cerveau lucide et la parole nette, recevant, jusqu'à 6 heures, les personnes qui avaient demandé audience, tandis que de notre côté nous mettions au point les affaires étudiées le matin. A 6 heures, la voiture l'attendait ; il retournait à l'hôpital, ou allait faire ce « tour du lac » qu'il aimait tant, au milieu d'un paysage merveilleux, à l'heure où le soleil disparaît dans une inexprimable splendeur (1). »

Paul Bert remit aux contribuables l'arriéré des impôts de 1884 et 1885, atténua les corvées, et put cependant subventionner les provinces appauvries par la guerre, distribuer des secours aux victimes des inondations et des incendies, fournir une pension aux soldats tonkinois blessés à notre service, fonder un hôpital pour les indigènes, construire des digues, etc.

Il institua à Hanoi un conseil des notables élus, et soumit à ses délibérations un questionnaire concernant la nature de l'impôt, la reconstitution des villages, la police, l'entretien des digues, des canaux, des routes, des lignes télégraphiques, l'exploitation des mines, etc.

Il organisa les écoles et répandit l'enseignement du quốc-ngữ et du français. Il multiplia les encouragements à l'agriculture et au commerce ; il fit dresser la liste des marchés indigènes et, pour multiplier les échanges, envoya sur le haut Fleuve Rouge des courriers réguliers escortés par des troupes. Il chercha par tous les moyens à attirer les capitaux français au Tonkin, et, dans ce but, décida l'ouverture à Hanoi, pour janvier 1887, d'une exposition des produits de l'Annam et du Tonkin, de la France et des colonies et des pays soumis au protectorat français. Ce dernier projet fut accueilli avec une très grande faveur, et l'exposition eut un grand succès. Malheureusement Paul Bert ne put en être le témoin.

---

(1) J. CHAILLEY, *Paul Bert au Tonkin.*

Quelques mois à peine après son arrivée, à la suite d'un voyage à Hué, où il était allé dans l'espoir d'amener la pacification complète du pays, il succombait (11 novembre 1886) aux fatigues excessives qu'il s'était imposées.

Jusqu'au dernier moment, il avait conservé son désir de faire le bonheur des Annamites, et la conviction qu'une ère nouvelle de prospérité allait s'ouvrir pour eux. « Tout allait si bien, disait-il avant de mourir. Quel dommage de laisser tout cela ! »

Du moins, il avait tracé les grandes lignes du programme qu'allaient suivre ses successeurs (1).

---

(1) Un an après la mort de Paul Bert, l'Indochine française tout entière — elle comprenait alors le Tonkin, l'Annam, la Cochinchine et le Cambodge — était placée sous l'autorité d'un Gouverneur général.

Voici dans leur ordre de succession le nom des Gouverneurs généraux de l'Indochine (les noms des titulaires en caractères gras et les noms des intérimaires en PETITES CAPITALES) ; les dates indiquent la durée des fonctions dans la colonie.

MM. **Constans** (du 16 novembre 1887 au 21 avril 1888).
 RICHAUD (du 22 avril au 7 septembre 1888).
 Richaud (du 8 septembre 1888 au 30 mai 1889).
 Piquet (du 31 mai 1889 au 12 avril 1891).
 BIDEAU (du 13 avril au 25 juin 1891).
 de Lanessan (du 26 juin 1891 au 9 mars 1894 et du 27 octobre au 29 décembre 1894).
 CHAVASSIEUX (du 10 mars au 26 octobre 1894).
 RODIER (du 30 décembre 1894 au 14 mars 1895).
 Rousseau, Armand (du 15 mars au 20 octobre 1895 et du 15 mars au 9 décembre 1896).
 FOURÈS (du 21 octobre 1895 au 14 mars 1896 et du 10 décembre 1896 au 12 février 1897).
 Doumer (du 13 février 1897 au 29 septembre 1898, du 25 janvier 1899 au 15 février 1901 et du 21 août 1901 au 13 mars 1902).
 FOURÈS (du 29 septembre 1898 au 24 janvier 1899).
 BRONI (du 16 février au 20 août 1901 et du 14 mars au 14 octobre 1902).
 Beau (du 15 octobre 1902 au 30 juin 1905, du 7 décembre 1905 au

QUESTIONS. — **73.** — *Quand mourut Tự-đức ? Combien de successeurs lui furent donnés dans un intervalle d'un an et 15 jours ? Quels sont-ils ? Nommez le quatrième ? Quel âge avait-il ? A quelle influence était-il soumis ? Que se passa-t-il dans la nuit du 5 juillet 1885 ?*

74. — *Quel fut le successeur de Hàm-nghi ? Etait-ce un bon choix ? Par qui avait-il été présenté ? Que lisait-on dans le manifeste publié le jour de son couronnement ? Quelle création fut faite au Tonkin en 1886 ?*

75. — *Quel était l'état du pays à l'arrivée de Paul Bert ? Résumez la proclamation qu'il adressa aux Annamites.*

76. — *Faites le récit d'une journée de Paul Bert. Énumérez ses principales réformes ; parlez du conseil des notables. Quand et comment mourut-il ? Quelle fut sa dernière parole ?*

---

27 juillet 1906, du 3 janvier 1907 au 27 février 1908).

BRONI (du 1er juillet au 6 décembre 1905 et du 28 juillet 1906 au 2 janvier 1907).

BONHOURE (du 28 février au 23 septembre 1908).

KLOBUKOWSKI (du 24 septembre 1908 au 12 janvier 1910 et du 12 juin 1910 au 16 février 1911).

PIQUIER (du 23 janvier au 11 juin 1910).

LUÇE (du 17 février au 14 novembre 1911).

SARRAUT, Albert (du 15 novembre 1911 au 3 janvier 1914).

VAN VOLLENHOVEN (du 4 janvier 1914 au 4 mars 1915).

ROUME (du 5 mars 1915 au 22 mai 1916).

CHARLES (du 23 mai 1916 au 21 janvier 1917).

SARRAUT (du 22 janvier 1917).

XXIV. — LES SUCCESSEURS DE ÐỒNG-KHÁNH.

77. — THÀNH-THÁI. — Ðồng-khánh survécut peu à Paul Bert. Il régna à peine 3 ans et mourut le 28 janvier 1889. On lui donna pour successeur un enfant de 10 ans, fils de Dục-đức, qui prit le nom de règne de Thành-thái.

Sous son règne, il y eut encore quelques révoltes en plusieurs points de l'Annam (en particulier dans le Nord-Annam, en 1893, sous la direction du lettré *Phan-định-Phương*) ; mais elles furent toutes réprimées par la France qui combattit aussi avec succès la piraterie au Tonkin.

« Nous avons vu, écrivait dans les dernières années du règne de Thành-thái, un ancien mandarin annamite, nous avons vu les réguliers chinois séjourner dans les villes, et jamais nous ne pourrons oublier leurs méfaits. Ils enfonçaient les portes des maisons, pillaient et saccageaient tout ; la moindre résistance était punie des derniers supplices. On ne pouvait voyager facilement ; la campagne était pleine de bandits qui arrêtaient les voyageurs. Aussi chacun restait chez soi, le commerce s'en ressentait, et souvent, alors que l'abondance régnait dans une province, les habitants des provinces voisines devaient mourir de faim. »

Une pareille situation n'a pris fin que parce que le gouvernement français a employé contre ces pirates des troupes européennes ou indigènes : infanterie et artillerie coloniales, légion étrangère, tirailleurs annamites et tonkinois, et les miliciens de la garde indigène. Chaque année environ 7.500.000 piastres furent consacrées à l'entretien de ces troupes.

D'autre part, la multiplication des lignes télégraphiques, des voies de communication et des moyens de transport rapides a permis de rassembler au moment voulu dans une région troublée les forces nécessaires pour rétablir l'ordre et ramener le calme.

Aussi l'Indochine est-elle aujourd'hui entièrement pacifiée, et c'est un des bienfaits que les Annamites apprécient le plus parmi tous ceux que leur a procurés l'administration française.

Thành-thái régna dix-neuf ans. En 1907, l'état de sa santé l'empêchant de bien remplir les devoirs de sa charge, il abdiqua (3 septembre).

« Le souverain, dit-il dans son acte d'abdication, a pour mission de veiller sur toutes choses concernant le ciel, la terre, les génies et les hommes... Malgré nos faibles qualités, nous avons été appelé à renouer la grande chaîne de succession impériale... C'est grâce au protectorat français et aux bons services des mandarins dévoués que nous avons pu parvenir jusqu'à ce jour. Mais le souci des affaires publiques nous a causé une maladie qui nous rend très pénible l'exercice de notre charge.

« Parmi nos dynasties des Trần et des Lê, il y a eu des précédents en matière d'abdication. Après en avoir délibéré avec le noble Gouverneur général, nous avons porté notre choix sur notre cinquième fils, Vĩnh-san. Il convient que nous abdiquions en sa faveur, afin qu'il continue le culte aux ancêtres de la dynastie ainsi qu'aux génies des frontières et de l'Agriculture... Nous nous retirerons dans un palais distinct où, dans un profond repos, nous pourrons nous soigner... »

Le jour même de l'abdication, le prince Vĩnh-san, âgé de huit ans seulement, reçut du Conseil de Régence le titre de période Duy-tân.

Le jeune Duy-tân ne régna pas. Il était encore sous la tutelle de son Conseil de Régence lorsqu'au mois de **mai 1916**, il tenta de fomenter un soulèvement contre la France. Dans la nuit du 3 au 4 mai, il s'échappa de son palais pour rejoindre les rebelles. Son entreprise échoua lamentablement. La population annamite, fidèle à la France dont elle avait pu apprécier depuis 3o ans le bienfaisant protectorat, ne répondit pas à l'appel du souverain. Arrêté deux jours après sa fuite, Duy-tân fut immédiatement déposé et remplacé sur le trône par un fils de Đồng-khánh, le prince *Bửu-đảo*, qui prit le titre de période de Khải-định.

78. — Le discours du trône de S. M. Khải-Định. — A peine intronisé, le nouveau souverain adressa à son peuple une proclamation dont voici un important extrait :

« Bien qu'indigne, nous sommes aujourd'hui l'espoir de tout un peuple, et notre pensée se reporte au souvenir du Roi notre père qui, monté sur le trône à une époque difficile, mit toute son énergie à restaurer et à raffermir les assises de la dynastie, parcourut le Nord et le Sud en pacificateur, pêchant la paix avec l'état ami, puis fit rentrer dans l'ordre les éléments de résistance et les organisations d'opposition. Le calme fut rétabli. Cette sage politique porte aujourd'hui ses fruits, puique, malgré notre peu de sagesse, la couronne royale est replacée sur notre tête.

« Nous acceptons ce lourd fardeau d'un cœur inquiet, car notre crainte est vive, ne sachant si notre bonne volonté sera à la hauteur de notre mission, pour témoigner de notre gratitude envers les nobles représentants du Protectorat ainsi qu'envers les dignitaires du Conseil de Régence, et pour répondre aux espérances du peuple. Nous comptons néanmoins sur le concours entier du Protectorat ainsi que sur le zèle et le dévouement des dignitaires du Conseil de Régence pour mener notre tâche à bien.

« Nous constatons que le peuple, en ces derniers temps, s'est égaré dans des voies malheureuses et funestes pour lui, et son ignorance excite notre pitié. Qu'il ne s'étonne donc point de la longueur de nos conseils et de nos exhortations. En ce temps de guerre mondiale, notre Etat jouit d'une situation privilégiée au point de vue de la paix et de l'ordre. C'est le résultat naturel de la politique sage et avisée du Protectorat pendant trente années. Au contraire des époques passées, c'est une ère de bonheur exempte de préoccupations et d'inquiétudes. Qu'on regarde ces écoles créées partout, destinées soit à développer le cœur et l'esprit de la jeunesse studieuse, soit à donner une instruction professionnelle.

« Ce sont ces bienfaits du Protectorat qui feront le bonheur de notre peuple et le feront entrer dans la voie de progrès et de civilisation des peuples d'Occident. De même qu'un malade languissant se repose sur la science de son médecin, de même notre peuple entrera dans la voie de la régénération sous l'égide de la France. Et j'en vois, parmi nombre d'autres, trois raisons essentielles.

« La première est que, dans cette lutte pour l'existence, seules les nations très civilisées et très puissantes sont suffisamment armées pour développer leur richesse économique et leur puissance nationale. Il

n'en est pas ainsi de notre peuple, qui est pareil à un malade à **peine**
convalescent.

« La deuxième est que les Français sont braves et animés du plus pur
esprit de sacrifice ; cet esprit est leur guide et leur stimulant quand il leur
faut se défendre contre toute agression venant du dehors. Nos nationaux,
au contraire, ont des mœurs confinant à l'indolence ; ils n'ont rien du
magnifique esprit des hommes de l'antiquité. Comment pourraient-ils
alors assurer eux-mêmes leur défense et la sécurité nationale ?

« La troisième est que les richesses de notre sol ne sont pas exploitées ; la main-d'œuvre, bien qu'abondante, n'est pas utilisée avec
science et méthode. C'est qu'il nous manque des maîtres, que nous trou-
vons parmi nos protecteurs. Les moyens nous faisant défaut, ainsi que
nous venons de le développer, comment pourrait-t-on concevoir qu'il y
ait des gens qui tentent de lever le drapeau de l'indépendance, sans attirer la risée du monde entier ? Il est écrit dans le livre *Kinh-thi*: « Comment prendrait-on un tigre avec la main, ou traverserait-on une rivière
à la nage sans flotteur ? » Les hommes sont ainsi faits, ils sont bornés
dans leurs connaissances. Cette maxime est tout un enseignement pour
les gens qui sont portés à mal faire.

« Nous vous engageons, ô mandarins et habitants de l'Annam et du
Tonkin, à bien comprendre le sens de cette citation classique, et à ex-
tirper de votre cœur toutes aspirations malsaines. Que chacun, dans son
état, s'adonne avec courage et activité à ses occupations ; qu'il cherche
à faire valoir ses talents et son habileté ; que les mandarins, tout particulièrement, exercent leur charge avec conscience, en excluant les prati-
ques malhonnêtes et véreuses.

« Ainsi commencera une ère de paix et de bonheur, pour la prospérité du peuple et le raffermissement des fondements de la dynastie. Dans
le *Kinh-thi* il est dit : « Suivre le bon sens est un bienfait, faire le mal
est nuisible. Aussi le résultat ne tarde-t-il pas à se manifester. » Et il y
est dit encore : « Il faut vivre d'un côté sans s'attirer de haine, et de
l'autre sans inspirer de dégoût, afin de conserver un bon renom. »

« O vous tous, ne considérez point mes paroles comme sans grande portée. Au contraire, prêtez-y une sérieuse attention, ce qui vous
évitera des erreurs. Tel est le but de notre présente proclamation, qui a
été revue par le Conseil de Régence, selon notre intention. »

Bien que le règne de S. M. Khải-định se soit ouvert au milieu des
circonstances difficiles que la grande guerre a imposées à tous les

peuples du monde, il est permis de bien augurer de l'avenir du pays d'Annam sous la conduite d'un tel souverain, qui a une aussi haute conscience de son véritable rôle et qui se montre aussi passionnément résolu à travailler à la prospérité de ses Etats, conformément aux vues généreuses et éclairées du Gouvernement du Protectorat.

QUESTIONS. — 77. — *Quand mourut Đồng-khánh ? Quel fut son successeur ? Que dit un ancien mandarin de l'état du pays au commencement du règne de Thành-thái ? Quelles mesures prit le gouvernement français pour assurer la pacification ? Combien de temps régna Thành-thái ? Comment et pourquoi abandonna-t-il le pouvoir ? Que dit-il dans son acte d'abdication ? Quel fut son successeur ? Régna-t-il longtemps ? Qui lui succéda ?*

78. — *Résumez le discours du trône de S. M. Khải-định.*

QUATRIÈME PARTIE

XXV. — L'ORGANISATION ADMINISTRATIVE DE LA COCHINCHINE.

79. — La première organisation administrative. — Lorsque les Français intervinrent vers le milieu du 19e siècle au pays d'Annam, l'empereur, souverain absolu, exerçait tous les pouvoirs par l'intermédiaire de la classe des mandarins.

L'intervention française se manifesta de deux manières.

D'une part, la France plaça les représentants de son autorité à côté — quelquefois au-dessus — de ceux de l'administration indigène.

D'autre part, elle fit appel à la collaboration des Annamites en les associant aussi étroitement que possible à l'administration du pays.

L'intervention française n'a pas revêtu partout les mêmes formes.

En Cochinchine, les premiers gouverneurs conservèrent l'organisation indigène avec ses phủ, ses huyện, ses chefs de canton, ses notables de village ; mais les fonctionnaires indigènes chargés de diriger la province (tổng-trấn, bô-chánh, etc.) furent remplacés par des fonctionnaires français appelés *inspecteurs des affaires indigènes*, formés pour la plupart au Collège des Stagiaires à Saigon, et qui, aidés d'un ou deux interprètes et lettrés, eurent pour principale mission de lever les impôts, de faire la police et de rendre la justice dans chaque province ou *inspection*. Les inspecteurs des affaires indigènes relevaient directement du Gouverneur de la Cochinchine, dont l'autorité s'était substituée à celle du vice-roi annamite, lorsque les divers territoires formant la Basse-Cochinchine avaient été cédés à la France (traités de 1862, 1867 et 1874).

Les premiers gouverneurs furent des amiraux ; à partir de 1879 ils furent remplacés par Gouverneurs civils.

80. — L'ADMINISTRATION PROVINCIALE. — Aujourd'hui l'organisation administrative de la Cochinchine dans ses grandes lignes est la suivante.

A la base, se trouve la *commune*, dont la population se divise en inscrits et non-inscrits. Elle est dirigée par un conseil de douze notables élus par leurs pairs parmi les habitants présentant certaines garanties de fortune, de savoir et d'honorabilité ; les décisions du conseil des notables sont exécutées par trois agents, le *hương-thân*, le *thôn-trưởng*, le *hương-hào*, qui occupent les trois derniers rangs dans la hiérarchie des notables. Les notables administrent les biens de la commune dont ils affectent les ressources à des dépenses d'intérêt communal : routes, marchés, écoles, temples, maison commune, etc...

Au-dessus de la commune se trouve le *canton*, administré par un chef et un sous-chef de canton qui sont aujourd'hui de véritables fonctionnaires, choisis après concours parmi les candidats désignés par les villages.

Les cantons sont à leur tour réunis en *provinces*, dont chacune est placée sous l'autorité d'un administrateur français. Dans certaines provinces, les chefs et sous-chefs de canton sont les seuls intermédiaires entre les notables et l'administrateur. Dans quelques autres, les cantons ont été groupés en circonscriptions admininistratives à la tête desquelles sont placés des fonctionnaires annamites de rang plus élevé, *đồc-phủ*, *phủ* ou *huyện*, qui sont de véritables délégués du chef de la province. Certaines circonscriptions particulièrement importantes ont même à leur tête des fonctionnaires français (1).

---

(1) Voici la liste des provinces de Cochinchine. Elles portent le nom de leur chef-lieu. Les noms des anciennes provinces devenues simples « circonscriptions » sont en italiques, à la suite des provinces dont elles dépendent actuellement.

CHEFS-LIEUX	POSTES ADMINISTRATIFS
Bắc-liêu	Vinh-lợi, Vinh-châu, Ca-mau, Gia-rai.
Bà-rịa	Cap Saint-Jacques.
Bến-tre	Ba-tri, Soc-sai, Thanh-phú, Mỏ-cây.

Au chef-lieu réside le chef de province, un *administrateur*, qui a sous ses ordres immédiats, des fonctionnaires français (administrateur-adjoint, comptable, etc.), ou annamites (*đôc-phủ-sứ, phủ* ou *huyện*, secrétaires-interprètes, lettrés). Il est assisté en outre, d'un *Conseil provincial* ou d'arrondissement, exclusivement composé d'indigènes et qui vote le budget de la province. D'autre part, l'administrateur exerce son contrôle sur les agents qui représentent, dans la province, les grands services publics (Travaux publics, Postes et Télégraphes, Enseignement, Douanes, etc.) ; mais ces agents dépendent plus directement des *chefs de service* spéciaux résidant à Saigon et placés eux-mêmes sous l'autorité immédiate du Gouverneur de la Cochinchine.

81. — LE GOUVERNEMENT LOCAL. — Le *Gouverneur de la Cochinchine* réside à Saigon. Il a la responsabilité de l'administration de tout le pays. En dehors des chefs de province ou des chefs de services par l'intermédiaire desquels il exerce son autorité, il est assisté de plusieurs assemblées qui participent plus ou moins à l'administration de la colonie : le *Conseil privé*, pure-

CHEFS-LIEUX	POSTES ADMINISTRATIFS
Biên-hòa	Nui-chua-chang, An-bình.
Cần-thơ	O-môn, Câu-kê, Phung-hiệp.
Châu-đôc	Tri-ton, Tân-châu, Tinh-biên.
	Hà-tiên, Phú-quôc, Giang-thanh, Non-chong.
Chợ-lớn	Đuc-hoa, Rach-kiên, Cân-gioc.
Gia-định	Thu-duc, Hoc-môn, Go-vap, Nhà-bê.
Long-xuyên	Thôt-nôt, Cho-moi.
Mỹ-tho	Cai-bè, Cai-lây, An-hoa, Bên-tranh, Cho-gao.
	Gò-công.
Rạch-giá	Long-my, Go-quan, Giong-riêng.
Sôc-trăng	Phu-loc, Bang-long, Kê-sach.
Tân-an	Binh-phuoc, Phong-thoai.
Tây-ninh	Trang-bang.
Thú-dâu-một	Trương-an, Hon-quân, Bu-dop.
Trà-vinh	O-lac, Bac-trang, Cang-long, Bang-da.
Vĩnh-long	Vung-liêm, Tam-bình.
	Sa-đec, Cao-lang, Lai-vung.

ment consultatif, le *Conseil du contentiéux*, tribunal administratif, le *Conseil colonial*, corps élu dont la principale attribution
est de voter le budget de la Cochinchine (1).

La Cochinchine possède en outre une *Chambre de Commerce* et une *Chambre d'agriculture*, composées de Français et
d'Annamites, et elle envoie un *député* au Parlement français.

Enfin, les villes de Saigon et de Chợ-lớn ont une organisation
spéciale : elles sont administrées par un *conseil municipal* composé de membres français et asiatiques élus et présidé par un maire.
A Saigon, le maire est élu ; à Chợ-lớn, c'est un fonctionnaire nommé par l'Administration.

---

(1) Le budget local de la Cochinchine (exercice 1919) s'élève à 9.085.358
piastres.

Les principales recettes proviennent des sources suivantes :

Impôts fonciers.	2.384.700 $
Impôt personnel des indigènes.	777.900
Impôt personnel des asiatiques étrangers.	1.301.000
Impôts des patentes et des barques	743.900
Produits du Domaine.	398.600
Produits des Forêts.	327.000
Produits des Fermes	104.350
Produits des tramvays.	202.380

Il faut y ajouter une subvention du Budget général s'élevant à environ
1.000.000 de piastres, correspondant en partie aux recettes des impôts
indirects perçus au compte du Budget général.

Les dépenses les plus importantes se répartissent ainsi :

Dépenses politiques et d'administration générale, environ.	3.500.000 $
Travaux publics.	950.000
Dragages	950.000
Forêts, services Agricoles et Commerciaux..	550.000
Instruction publique.	750.000
Assistance publique.	611.000

Il faut ajouter un certain nombre de travaux extraordinaires, se
montant à plus d'un million de piastres, dépense à laquelle il est fait
face au moyen d'un prélèvement sur la Caisse de Réserve.

QUESTIONS.—**79.**— *Comment se manifesta l'intervention française au milieu du 19e siècle? Quelles formes a-t-elle revêtues en Cochinchine ?*

80. — *Comment est, de nos jours, fixée l'organisation administrative de la Cochinchine ? Parlez de la commune, du canton, de la province. Quelles sont les principales provinces de la Cochinchine ?*

81. — *Quel est le haut fonctionnaire qui a la responsabilité de l'administration de la Cochinchine ? Quelles sont les assemblées dont-il est assisté. Que savez-vous du budget local de la Cochinchine ? Quelle est l'organisation des villes de Saigon et de Chợ-lớn ?*

XXVI. — ORGANISATION ADMINISTRATIVE DU TONKIN.

82. — L'ADMINISTRATION PROVINCIALE. — Au Tonkin, l'action de l'administration française est un peu moins directe, car au-dessus de l'organisation traditionnelle avec les notables et les chefs de canton, on a conservé la plupart des mandarins provinciaux.

Les phủ et les huyện sont dirigés par les quan-phủ et les quan-huyện, choisis autrefois parmi les lauréats des concours littéraires (tú-tài ou cử-nhơn), puis parmi les élèves de l'Ecole des Mandarins (Hậu-bổ), et actuellement parmi les élèves de l'Ecole de Droit. Ce sont, comme on les appelle, les « père et mère du peuple », ce qui implique qu'ils doivent être à la fois très bons et très fermes à l'égard des habitants. Leur rôle est de faire exécuter par le peuple les ordres donnés par le Gouvernement, de faire respecter les lois, de rendre la justice en premier ressort, de recevoir les plaintes des habitants et de les examiner avec bienveillance.

Ils sont assistés dans leurs fonctions par un bureau composé de fonctionnaires nommés par le Gouvernement, un chef de bureau (*lại-mục*), deux ou trois rédacteurs (*thông-lại*), et par une garde civile (*lính-lệ*).

Les phủ et les huyện sont groupés en *provinces*. Les provinces importantes ont à leur tête un *tổng-đốc* ; les moins importantes sont dirigés par un *tuần-phủ*. Les uns et les autres sont assistés d'un juge, *án-sát* ou *quan-án*, et d'un inspecteur des écoles, le *đốc-học*. Il n'y a plus de *bố-chánh*.

Ces mandarins provinciaux sont sous les ordres directs d'un administrateur qui dirige la province avec le titre de Résident. En dehors des mandarins provinciaux, le Résident a pour collaborateurs un certain nombre de fonctionnaires français et d'employés indigènes. De plus, il est assisté, comme en Cochinchine, d'un *Conseil provincial* exclusivement composé d'indigènes élus par les inscrits et choisis parmi les chefs de canton et les notables de marque, à raison de un ou deux par huyện. Les conseillers provinciaux donnent au Résident leur avis sur les questions d'intérêt général qu'il leur soumet et lui font connaître les besoins des populations de la région qu'ils représentent.

Toutefois, en certaines régions frontières, on a établi, au lieu de provinces proprement dites, des *territoires militaires*, dans lesquels toutes les fonctions administratives sont confiées à des officiers (1).

---

(1) Voici la liste des provinces et des territoires militaires du Tonkin. Territoires et provinces portent le nom de leur chef-lieu sauf celle de Bắc-giang, dont le chef-lieu est Phủ-lạng-thương, et le 1er territoire militaire dont le chef-lieu est Moncay.

CHEFS-LIEUX	POSTES ADMINISTRATIFS
Bắc-giang	Lục-nam, Nhã-nam, An-châu.
Bắc-kạn	
Bắc-ninh	
Hà-đông	
Hải-dương	Ninh-giang, Đông-triêu.
Hỏa-bình	
Hưng-yên	Bần-yên-nhân.
Kiên-an	
Lạng-sơn	Vạn-linh, Thât-khê, Lộc-bình, Na-chàm, Đồng-đăng.
Lao-kay	Pa-kha, Ba-xat, Phong-tho, Mương-khương.
Nam-định	Hà-nam Phủ-lý (chef-lieu).
Ninh-bình	Phát-diệm, Nho-quan.
Phú-thọ	Hưng-hóa.
Quảng-yên	Ile Cát-bà.
Sơn-la	Vạn-yên.
Sơn-tây	
Thái-bình	
Thái-nguyên	Chợ-chu.
Tuyên-quang	
Vĩnh-yên	Phúc-yên.
Yên-bay	Lục-an-châu.

TERRITOIRES MILITAIRES

1er Hải-ninh	Hà-cồi, Tiên-yên, Đinh-lập.
2e Cao-bằng	Quảng-uyên, Nguyên-bình, Đông-khê.
3e Hà-giang	Bảo-lạc, Đồng-văn, Hoàng-su-phi, Bắc-quang, Yên-minh.
4e Lai-châu	Điện-biên-phủ.

83. — LE GOUVERNEMENT LOCAL. — Au Tonkin comme en Cochinchine, tous les fonctionnaires français relèvent de l'autorité d'un représentant de la France, le *Résident supérieur* qui réside à Hanoi. Depuis la suppression des fonctions de *kinh-lược* en 1897, les fonctionnaires indigènes sont placés également sous les ordres du Résident supérieur.

Le Résident supérieur prépare et administre le Budget du protectorat (1). Il est assisté d'un *Conseil du protectorat* qui, comme le Conseil privé de Cochinchine, peut se transformer en *Conseil du contentieux* dont le ressort s'étend au Tonkin et à l'Annam.

Le Tonkin n'a pas de Conseil colonial ; mais il possède une *Chambre consultative* indigène, créée par Paul Bert, et rétablie en 1907. Les membres de la Chambre consultative, sorte de conseillers généraux, au nombre de un ou deux par province,

---

(1) Le Budget local du Tonkin pour l'exercice 1919 s'élève à 9.900.000 piastres.

Les recettes proviennent principalement des sources suivantes :

Impôts fonciers et cents additionnels	3.538.000 $
Impôt personnel	2.333.000
Immatriculation des étrangers	117.000
Patentes et barques	326.700
Cents additionnels pour : 1o le rachat des corvées	797.000
2° les bacs et marchés	895.300
Produits du Domaine	104.500
Produits des Forêts	264.500
Produits des Fermes	240.800

Il faut y ajouter une subvention du Budget général montant à 800.000 $, correspondant en partie au produit des impôts indirects perçus pour le compte du Budget général.

Les principales dépenses se répartissent ainsi :

Dépenses politiques et d'administration générale, environ	5.000.000 $
Travaux publics	2.184.000
Forêts, services agricoles et commerciaux	495.000
Instruction publique	670.000
Assistance publique	690.000

sont élus par les conseillers provinciaux et les notables des communes ; ils sont appelés à se réunir, une fois par an au moins, à Hanoi. Ils délibèrent sur des questions d'ordre général qui leur sont soumises ; ils font des propositions et émettent des vœux au nom de la population ; ainsi les conseillers élus par le peuple participent à l'administration du pays comme les mandarins nommés par le gouvernement.

Le Tonkin possède deux *Chambres de commerce* (à Hanoi et à Haiphong), et une *Chambre d'agriculture* (à Hanoi). Il n'a pas de député, mais il élit au *Conseil supérieur des colonies* un *délégué* qui est en même temps celui de l'Annam.

Les deux villes de Haiphong et de Hanoi forment des territoires distincts : elles sont administrées par un *Conseil municipal*. Le Conseil municipal comprend des membres français et annamites, et il est présidé par un Résident-maire.

QUESTIONS. — **82.** — *Quel caractère distingue l'administration du Tonkin de celle de la Cochinchine? Parlez des mandarins des phủ et des huyện, de leurs bureaux. Quels sont les hauts fonctionnaires de la province? De qui dépendent-ils? Qu'est-ce que le Conseil provincial? Enumérez les principales provinces du Tonkin.*

83. — *Quel est le chef de l'Admistration du Tonkin? Quelles sont les ressources du Tonkin? Enumérez les principales sources de recettes et les principales dépenses. Quelles Assemblées assistent le Résident supérieur? Parlez de la Chambre consultative. Comment sont administrées les villes de Hanoi et de Haiphong?*

XXVII. — LES AUTORITÉS COMMUNALES ET CANTONALES EN PAYS ANNAMITE.

84. — **LA COMMUNE ANNAMITE.** — Cette institution, particulière au peuple annamite, est à la base de toute l'organisation du pays. Il importe d'en parler ici avec quelque détail.

La commune (*xã*) n'est autre chose que le groupement d'un certain nombre de familles qui, sous la conduite d'un chef, se sont installées sur un territoire en friche pour le mettre en valeur par la culture. Les Annamites racontent (à l'imitation des Chinois) que leur pays fut ainsi formé à l'origine de cent villages fondés par cent familles dont les noms servent encore aujourd'hui à désigner leurs descendants : Nguyễn, Lê, Vũ, Phạm, Đặng, etc...

Les habitants d'un même village forment plusieurs catégories sociales (*các hạng người*).

Les plus considérés, ceux qui constituent l'aristocratie du village, sont les *chức-sác* qui, pour services rendus à l'Etat, sont titulaires d'un brevet de mandarinat. Viennent ensuite les *kỳ-mục* qui font partie du Conseil des notables ; les *miễn-sai* et les *miễn-nhiêu* ou *nhiêu-nam* qui, en raison d'une situation spéciale, sont exemptés d'impôt ; les *nội-đinh* (inscrits), dont les noms sont officiellement enregistrés et qui, de ce fait, ont droit de prendre part aux charges et délibérations communales. A ces divers groupements s'oppose la masse de la population pauvre, ignorante, sans ambition, les *ngoại-đinh* (non-inscrits).

Si petite que soit une commune, elle a des propriétés qui appartiennent à l'ensemble des habitants. C'est ainsi que le *xã* possède : la maison commune (*đình*), le temple (*chùa*), des terres communales (*công-điền, công-thổ*) dont il partage les parcelles entre les habitants (*khẩu-phần*). Quelques-unes de ces parcelles sont réservées, et leur produit est affecté à l'entretien de la maison commune et du temple ou au paiement des dépenses diverses du village.

Le *xã* n'a pas d'autres revenus que ceux qu'il retire des terrains communaux ; mais comme cela ne lui suffirait pas pour entretenir les chemins et les routes qui sillonnent son territoire, tous les habitants doivent donner au village un certain nombre de journées de corvées *(công-dịch)*.

Les habitants d'une même commune s'administrent eux-mêmes comme ils l'entendent. Il ne suivent pas de règle fixe, comme celles par exemple que la loi impose à toutes les communes de France (1) ; ils se contentent d'observer certaines habitudes, certaines traditions dont les principales se ramènent aux suivantes : les biens de chaque commune sont administrés par un *conseil de notables* *(hội-kỳ mục)* qui de bonne heure a remplacé la réunion des chefs de famille *(tộc-mục* ou *tộc-trưởng)* qui existait autrefois, et qui existe encore dans quelques communes.

---

(1) Cette différence entre la commune annamite et la commune française a été très bien mise en lumière par un mandarin annamite au retour d'un voyage qu'il avait fait en France.

« Ce qui distingue essentiellement la commune française de la commune annamite, c'est que la première ne lie pas le Français à son village natal, tandis que nous, Annamites, à cause de la grande variété des institutions communales, nous nous croyons en Chine ou en Amérique aussitôt sortis de notre village. Tel qui est né à Đinh-bang, ne peut pas vivre à Phù-liễn, à cause de la différence des coutumes ; tel autre préfère acheter deux fois plus cher un *sào* de rizières dans le territoire de son village que la même surface de terre située sur le territoire du village voisin ; nous aimons mieux être pauvres dans notre commune que riches dans une autre. C'est là la cause de l'esprit casanier des Annamites, de leur patriotisme qui s'arrête à la porte du village, du peu de relations qui existent entre les gens, de l'absence de tout sentiment de solidarité ; d'où l'impossibilité de faire quelque chose de grand, de s'entendre entre compatriotes pour une entreprise commerciale, industrielle ou autre ; d'où encore l'abandon des 4/5 des terres cultivables ; d'où l'ignorance complète de tout ce qui n'est pas le hameau où l'on a sa case. Le Français, au contraire, est chez lui dans toute l'étendue de la France ; son village est là où il se trouve ; il participe aux dépenses comme aux avantages du lieu où il établit son domicile. » *(Bulletin de l'Ecole française d'Extrême-Orient,* 1907, p. 161.)

85. — Les notables. — Les membres du conseil des notables sont élus par les inscrits du village. Pour être choisi comme notable, il faut être instruit, avoir une certaine aisance, et surtout jouir d'une bonne réputation. On choisit aussi les notables parmi les vieillards qui, à défaut d'instruction, ont beaucoup d'expérience et peuvent donner de bons conseils. Le premier notable, qui est, dans toute la commune, le personnage le plus influent par son âge ou sa situation, s'appelle le *tiên-chi* ; puis viennent les notables (*kỳ-mục*), ceux qui dirigent effectivement les affaires de la commune ; ils sont choisis parmi les habitants qui déjà ont exercé des fonctions communales.

Le conseil des notables est lui-même assisté d'agents d'exécution, les *dịch-mục* ou *chức-dịch*, dont font partie : le maire (*lý-trưởng*), élu par les notables et les inscrits, qui est responsable vis-à-vis du conseil de l'exécution des ordres, et sert d'autre part d'intermédiaire officiel entre la commune et les autorités administratives (phu et huyện) ; — l'adjoint au maire (*phó-lý*), également élu et chargé spécialement des petits hameaux (*thôn*) dépendant du village principal ; — le collecteur d'impôt (*phần-thu*), chargé sous la responsabilité du lý-trưởng, de percevoir l'impôt personnel et l'impôt foncier (*thuê-đinh, thuê-điền*) que tout habitant doit payer à l'Etat ; — les veilleurs (*tuần-đinh* ou *tuần-kiểm*), chargés de la police du territoire du village ; — le *kê-biên* chargé des registres de l'état civil ; — le *thủ-bộ*, chargé de conserver les registres communaux tels que les rôles fonciers (*địa-bộ*).

Le conseil des notables se réunit chaque fois qu'il est nécessaire de discuter sur une question importante, comme par exemple : l'établissement annuel des rôles pour les impôts personnel et foncier dus à l'Etat, la répartition et la rentrée de ces impôts ; le partage des terres communales, les travaux d'intérêt public (construction de routes, de ponts, de canaux, de marchés, d'écoles, etc.) ; la préparation des fêtes rituelles. Il choisit les recrues pour le service militaire ; il juge les querelles et les conflits de peu d'importance qui peuvent s'élever entre les habitants du village.

Les réunions du conseil des notables sont publiques et se tiennent dans la maison commune. Tous les habitants qui sont inscrits (*nội-đinh*) ont le droit d'y prendre part, et prennent place sur les gradins ou sur le sol, selon le rang qu'ils occupent dans la société communale.

86. — LE CANTON. — Plusieurs communes, sept ou huit d'ordinaire, forment un canton (*tổng*).

A la tête de chaque canton, il y a un chef de canton (*chánh-tổng*) assisté d'un sous-chef de canton (*phó-tổng*). Le chef et le sous-chef de canton sont choisis parmi les lý-trưởng, les anciens lý-trưởng et les titulaires d'un grade de mandarinat du 8e ou 9e degré ; ils sont élus par les principaux des notables et les lý-trưởng des diverses communes qui composent le canton, les anciens chefs et sous-chefs de canton, les titulaires d'un grade ou d'un diplôme universitaire, etc. Leur rôle est de s'occuper des questions d'ordre général intéressant à la fois tous les villages (entretien des grandes voies de communication, des ponts, des digues, police générale, etc.). Ils ont donc sous leurs ordres directs tous les lý-trưởng, sans que toutefois ils puissent s'immiscer dans les affaires intérieures des villages.

Comme les lý-trưởng sont les intermédiaires officiels entre leurs communes respectives et les autorités administratives (phủ et huyện), les chefs et sous-chefs de canton sont les intermédiaires officiels entre toutes les communes de leur canton et ces mêmes autorités administratives chaque fois qu'il s'agit d'une question d'intérêt général.

QUESTIONS. — **84.** — *Sur quelle institution repose l'organisation administrative en Annam ? Parlez de la commune ; de ses catégories sociales ; de ses propriétés ; de ses revenus ; de son administration. Montrez la différence qui existe entre la commune annamite et la commune française.*

85. — *Quels sont les habitants qui forment le conseil des notables ? Quel est le premier notable ? Comment est-il nommé ? Quels sont les agents qui assistent le conseil des notables ? Qu'est-ce que le lý-trưởng ? le phó-lý ? Énumérez les autres agents en indiquant leurs attributions. Dans quelles circonstances se réunit le conseil des notables ?*

86. — *Qu'est-ce qu'un canton ? Qui est à la tête du canton ? Quel est le rôle du chef et du sous-chef de canton ?*

XXVIII. — LE ROI ET LES MINISTRES D'ANNAM.

87. — Le roi. — Tandis qu'en Cochinchine et au Tonkin les autorités cantonales et communales relèvent directement du Gouvernement français, représenté par les Administrateurs chefs de province, en Annam elles relèvent du Gouvernement annamite, c'est-à-dire du Roi représenté par ses ministres et les mandarins provinciaux.

Le Roi d'Annam est le mandataire du Ciel et à ce titre il a à remplir toute une série de devoirs religieux, à présider certaines grandes cérémonies dont la plus importante est celle du *Nam-giao* (1), qui consiste en un sacrifice triennal au Ciel et à la Terre (2). Le sacrifice est offert par le Roi lui-même qui se rend au Nam-giao en un cortège magnifique comprenant 2.000 hommes de troupes, sans compter les mandarins civils.

Mais le Roi n'est pas seulement un chef religieux ; comme tous les mandarins qui le représentent, et à un titre supérieur, il est « le père et la mère du peuple », dont il se préoccupe d'assurer le bonheur et la prospérité.

Pour l'aider dans sa tâche, il a auprès de lui un certain nombre de ministres formant le Conseil des Ministres ou *Cơ-mật*, avec lesquels il travaille et qu'il interroge sans cesse sur les besoins de ses sujets, afin d'étudier avec le Résident supérieur les moyens d'y satisfaire.

---

(1) *Nam-giao* est le nom d'un tertre qui se trouve dans les environs immédiats de Hué et qui comprend quatre enceintes en maçonnerie formant autant d'esplanades.

(2) La *Société des Amis du Vieux Hué* a consacré au sacrifice du Nam-giao un des numéros les plus remarquables de son *Bulletin* (avril-juin 1915). C'est à cette série d'études qu'il faut se reporter si l'on veut connaître dans tous ses détails cette si curieuse cérémonie.

88. — **Les ministres.** — Le nombre des ministères est actuellement de sept. Ce sont les six ministères qui existaient déjà du temps de Gia-long (1), auxquels on a ajouté celui de l'Instruction publique :

> Le Ministère de l'Intérieur (*Bộ Lại*)
> Le Ministère de la Justice (*Bộ Hình*)
> Le Ministère de la Guerre (*Bộ Binh*)
> Le Ministère des Travaux publics (*Bộ Công*)
> Le Ministère des Finances (*Bộ Hộ*)
> Le Ministère des Rites (*Bộ Lễ*)
> Le Ministère de l'Instruction publique (*Bộ Học*)

La principale attribution du *Ministre de l'Intérieur* est de diriger l'administration des provinces (*tỉnh*). Il est le supérieur des mandarins provinciaux, des mandarins subalternes, et exerce son autorité sur tout le personnel de toutes les administrations sans exception. C'est de lui également que dépendent les chefs de canton et lý-trưởng, puisqu'il peut les récompenser par des grades de mandarinat (*phẩm hàm*). Il est le chef de la Sûreté générale.

Le *Ministre de la Justice* révise les jugements importants, ceux qui entraînent des peines plus graves que celles du rotin (2), et propose sa décision au Résident supérieur. Le jugement n'est définitif qu'après la signature du Résident supérieur.

L'entretien d'une force armée étant dans les attributions du Gouvernement français, protecteur de l'Annam, le *Ministre de la Guerre* n'a à s'occuper que des effectifs strictement nécessaires au service de garde et d'escorte dans la capitale et dans les provinces. Il s'occupe également de l'organisation du service des *trạm*

---

(1) Voir ci-dessus, lecture 49.

(2) S'il s'agit d'affaires ne comportant que **des** peines de rotin (*xuy*), les jugements sont rendus eu première instance par les quan-phủ et quan-huyện qui les soumettent an quan-án, mandarin siégeant auprès du tổng-đốc, spécialement chargé ae les réviser. Les jugements sont déclarés définitifs après approbation du tổng-đốc et du Résident. C'est seulement s'il s'agit d'affaires plus importantes, que ces jugements, après avoir été revêtus de l'avis des mandarins provinciaux et de l'avis du Résident, sont transmis au Ministère de la Justice.

si utile pour les voyageurs et la poste. Les soldats (*lính*) qu'il recrute ont droit, en plus de la solde mensuelle qu'ils reçoivent du gouvernement, à une part de rizières (*lương-điền*) dans leur village d'origine. Cette part de rizières est mise à la disposition de leur famille jusqu'à leur libération.

Le *Ministre des Travaux publics* doit veiller à l'entretien et à la construction des voies de communication : routes provinciales, ponts, digues. Il doit étudier les travaux d'irrigation, faire creuser des canaux et veiller à l'emploi raisonné de la main-d'œuvre des corvéables (*công-dịch* ou *công-ích*). Il surveille l'entretien des nombreux et beaux bâtiments qui sont dans le Palais, ainsi que des merveilleux tombeaux royaux.

Le *Ministre des Finances* veille au bon fonctionnement du service des impôts en même temps qu'il s'assure que les dépenses engagées ne sont point supérieures aux recettes. Tous les ans il établit le budget du gouvernement annamite, dont les recettes sont alimentées par le budget local du Protectorat de l'Annam (1), dont le budget annamite est une annexe. C'est avec les ressources de ce budget que le Ministère des Finances doit payer les dépenses de la Cour, du personnel de l'administration annamite, de l'Instruction publique, en même temps que les dépenses importantes exigées pour l'accomplissement des rites, ou celles qui concernent l'entretien des nombreux bâtiments annamites du Palais, de la capitale et des provinces.

Le *Ministre des Rites* est chargé d'entretenir dans le pays d'Annam les traditions du passé en ce qui concerne le culte et le cérémonial protocolaire ; c'est par ses soins en particulier que sont entretenues les pagodes situées dans l'enceinte des tombeaux royaux, et c'est lui qui organise les grandes cérémonies rituelles comme celles qui sont faites au *Nam-giao*, au *Xã-tắc*, et au moment des avènements et des anniversaires.

Pour être le dernier né, le *Ministère de l'Instruction publique* n'est pas le moins important. Il fut créé pour réformer pro-

---

(1) Voir ci-dessous, lecture 90.

gressivement l'enseignement traditionnel en Annam. Grâce à son action, les réformes se sont en effet succédé sans interruption, et le résultat a été tel qu'un seul et même Règlement général, régissant l'enseignement dans tout le pays annamite, a pu être publié et appliqué (1).

Les ministres exercent leur autorité dans les provinces par l'intermédiaire des mandarins provinciaux qui sont, comme au Tonkin : le *tổng-đốc* ou le *tuần-phủ* qui gouverne la province avec l'aide du *quan-bố* chargé du service fiscal, du *quan-án* chargé de la justice, du *đốc-học* chargé de l'enseignement, les *tri-phủ* et les *tri-huyện*.

QUESTIONS. — 87. — *De qui relèvent les autorités communales et cantonales en Annam ? Qu'est le roi d'Annam ? Quels devoirs lui incombent ? Parlez de la cérémonie du Nam-giao. Le roi n'est-il que chef religieux ? Par qui est-il assisté dans sa tâche ?*

88. — *Enumérez les 7 ministères. Faites connaître les attributions de chacun des ministères. Comment les ministres exercent-ils leur autorité dans les provinces ?*

____

(1) Voir plus loin, lecture 95.

XXIX. — LE PROTECTORAT.

89. — LE TRAITÉ DE 1884. — Depuis le traité de 1884, le royaume d'Annam est placé sous le Protectorat de la France, c'est-à-dire que la France gère toutes ses relations avec les pays étrangers et assume la charge de le défendre contre tout péril extérieur, qu'elle dirige l'administration intérieure et s'emploie au développement économique et intellectuel du pays.

Toutefois le traité avait institué d'abord pour l'Annam un régime assez différent de celui qu'il établissait au Tonkin. Aux termes de ce traité, la France n'avait qu'un représentant, le Résident général, résidant à Hué. Il devait seulement « présider aux relations extérieures de l'Annam et assurer l'exercice régulier du Protectorat sans s'immiscer dans l'administration locale des provinces », qui restait tout entière entre les mains des fonctionnaires annamites, sauf en ce qui concernait « les douanes, les travaux publics et, en général, les services qui exigent une direction unique ou l'emploi d'ingénieurs ou d'agents européens. » De plus, l'impôt devait continuer à être perçu par les *quan-bô* « sans le contrôle des fonctionnaires français et pour le compte de la cour de Hué. »

90. — LE GOUVERNEMENT DU PROTECTORAT. — Cependant, peu à peu et dans l'intérêt même des Annamites, le Souverain a été amené à confier au gouvernement français le soin, non seulement de diriger les relations extérieures du pays et les grands services publics, mais encore de gérer les finances, de contrôler la perception et la répartition des impôts et même l'administration et la justice indigènes en Annam, comme cela avait lieu déjà au Tonkin. Deux ordonnances prises par Thành-thái (27 septembre 1897 et 15 août 1898) ont consacré le principe de ces réformes, qui ont été réalisées d'un commun accord par les gouvernements annamite et français.

A l'heure actuelle, le *Résident supérieur* préside les réunions du Cơ-mật, assisté, comme au Tonkin, d'un Conseil du Protectorat. Dans 'intervalle des réunions du Cơ-mật, il contrôle l'administration des ministères par ses délégués (*quan hội-biện*) qui sont les intermédiaires constants entre la Résidence supérieure et le Gouvernement annamite. Ces délégués sont au nombre de trois ; le Délégué à l'Intérieur (*quan hội-biện Bộ-Lại*) aide dans leurs fonctions les Ministres de l'Intérieur, de la Guerre et de l'Instruction publique ; le Délégué à la Justice (*quan hội-biện Bộ-Hình*) révise les jugements de concert avec le Ministre de la Justice ; le Délégué aux Finances (*quan hội-biện Bộ-Hộ*) aide le Ministre des Finances dans ses attributions, en même temps qu'il assiste aussi le Ministre des Travaux publics et le Ministre des Rites.

Le Résident supérieur dirige d'autre part les grands services publics qui relèvent tous de l'Administration française (Agriculture, Douanes et Régies, Postes et Télégraphes, etc.).

Il exerce en outre son contrôle sur l'administration provinciale indigène par l'intermédiaire des *résidents* placés sous ses ordres à la tête de chaque province et représentés dans certains postes éloignés ou particulièrement importants par des délégués français (1).

Dans chaque province, les résidents dirigent et contrôlent l'Administration indigène. Une fois par mois, ils convoquent les mandarins provinciaux pour discuter ensemble les affaires intéressant

---

(1) Voici la liste des provinces de l'Annam :

PROVINCES	CHEFS-LIEUX	POSTES ADMINISTRATIFS
Bình-định.	Qui-nhơn.	Sông-cầu, Bồng-sơn.
Bình-thuận.	Phan-thiêt.	Phan-ri.
Hà-tĩnh.	Hà-tĩnh.	
Khánh-hòa.	Nha-trang.	Phan-rang.
Kôn-tum.	Kôn-tum.	Darlac, An-khê.
Làng-bian.	Da-lat.	Djiring, Dran.
Nghệ-an.	Vinh.	Nghĩa-hưng.
Quảng-bình.	Đồng-hới.	
Quảng-nam.	Fai-fo.	Tam-kỳ.
Quảng-ngãi.	Quảng-ngãi.	
Quảng-trị.	Quảng-trị.	
Thanh-hoá.	Thanh-hoá.	Hồi-xuân, Bái-thượng.
Thừa-thiên.	Huê.	

la province, et réunissent le plus souvent possible le Conseil provincial, dont la composition et le fonctionnement sont les mêmes en Annam qu'au Tonkin.

La ville de Tourane est administrée par une commission municipale présidée par un Résident-maire.

L'Annam possède une *Chambre mixte d'Agriculture et de Commerce.*

91. — LES IMPÔTS. — La principale des attributions des autorités provinciales concerne l'impôt, dont elles doivent assurer la répartition et la perception suivant les instructions du Résident supérieur qui, étant ordonnateur du budget, fixe lui-même les recettes et les dépenses.

La plus grande partie des recettes du budget de l'Annam provient de deux contributions directes : *l'impôt foncier* dû par tout habitant disposant d'un terrain, et *l'impôt personnel* payé par chaque homme de 18 à 60 ans.

Ces impôts directs (*thuê chánh-ngạch*) sont perçus dans chaque village par le lý-trưởng, lequel va au chef-lieu (*tỉnh*) pour en verser le montant à la Perception (*kho bạc nhà nước*). Ces opérations se font sous la surveillance des autorités cantonales, des autorités administratives, et sous la direction d'un mandarin provincial, le *bố-chánh*. Les revenus des impôts sont versés selon les conventions intervenues entre le Gouvernement annamite et la France, dans la Caisse du Trésor du Protectorat qui en assure la répartition au mieux des intérêts du pays.

Les revenus des impôts sont employés par l'Administration pour faire face aux nombreuses dépenses des services publics (solde des fonctionnaires, des soldats ; travaux d'entretien des routes, des digues, des canaux ; construction des chemins de fer, des bâtiments administratifs ; diffusion de l'instruction publique (1).

---

(1) Le budget local de l'Annam pour l'exercice 1919 s'élève à la somme de 5.723.000 piastres en chiffres ronds.

Les principales sources de recettes sont les suivantes :

Impôts fonciers et cents additionnels	1.893.000 $
Impôt personnel	1.104.000

92. — LE GOUVERNEMENT GÉNÉRAL. — Depuis 1887, un haut fonctionnaire français a été mis à la tête de toute l'Union indochinoise, avec le titre de *Gouverneur général de l'Indochine française.* Son autorité s'étend non seulement sur l'Annam proprement dit et le Tonkin, mais encore à des titres divers sur la Cochinchine, le Cambodge, le Laos et le Territoire de Kouang-tchéou-wan. Il exerce tous les pouvoirs du gouvernement français, sous le contrôle du ministre des colonies : il prend des arrêtés et fait des règlements qui s'appliquent à toute l'Indochine ; il est le chef de tous les fonctionnaires et aussi de l'armée ; il prépare les divers budgets, budget général et budgets locaux des différents pays formant l'Indochine française, et les soumet au gouvernement français.

Le Gouverneur général est assisté dans sa tâche par de nombreux collaborateurs dont les principaux sont :

a) le Secrétaire général du Gouvernement général, son collaborateur direct, chargé plus spécialement de la direction des Finances, auquel il peut déléguer tout ou partie de ses pouvoirs, et qui le remplace par intérim ;

b) les chefs des administrations locales : Gouverneur de la Cochinchine, Résidents supérieurs au Tonkin, en Annam, au Cam-

Immatriculation et cartes des étrangers	45.000 $
Patentes.	52.000
Prestations et rachat des corvées	580.000
Produits du Domaine.	6.000
— des Forêts.	210.000
— des Fermes	273.000

Il faut y ajouter un prélèvement de 570.000 piastres sur la Caisse de Réserve pour travaux divers, et une subvention du Budget général, de 850.000 piastres, représentant en partie le produit des impôts indirects.

Les dépenses se répartissent ainsi :

Cour et administration annamite.	1.070.000 $
Dépenses politiques et d'administration générale.	1.800.000
Travaux publics	1.580.000
Forêts, Services agricoles.	240.000
Instruction publique.	221.000
Assistance publique.	526.000

bodge et au Laos, Administrateur en chef du territoire de Kouang-tchéou-wan, qui administrent les différents pays de l'Union indochinoise, et dans les pays de protectorat comme l'Annam et le Tonkin, dirigent et contrôlent l'administration indigène ;

c) les directeurs des Services généraux qui sont en quelque sorte ses conseillers et dirigent les grands services publics, Finances, Douanes, Justice, Travaux publics, Postes et Télégraphes, Instruction publique, etc.

De plus, le Gouverneur général convoque une fois au moins par an, tous les hauts fonctionnaires de l'Indochine ainsi que les représentants des assemblées élues (Conseil colonial, Chambres de commerce et d'agriculture) et les représentants de l'administration indigène pour les consulter sur diverses questions intéressant le pays, et notamment sur le budget général (1) et les budgets locaux. Cette assemblée s'appelle le *Conseil de Gouvernement*. Elle siège dans la ville que désigne à cet effet le Gouverneur général,

---

(1) Le Budget général pour l'exercice 1919 se monte à la somme de 52.500.000 piastres.

Les principales sources de recettes sont, en chiffres ronds :

Douanes	8.800.000 $
Contributions indirectes et Régies	33.300.000
Enregistrement, Domaine et Timbre	1.600.000
Postes, Télégraphes, Téléphones	1.000.000
Produits des Chemins de fer concédés	500.000
Intérêts de capitaux	770.000
Prélèvement sur la Caisse de réserve pour travaux extraordinaires	6.400.000

Les principales dépenses sont :

Dettes exigibles, remboursements des emprunts	10.000.000
Dépenses politiques et d'administration générale	2.700.000
Services militaires et maritimes	2.400.000
Subventions aux Budgets locaux	2.800.000
Douanes et Régies, y compris l'approvisionnement	14.500.000
Travaux publics y compris les travaux extraordinaires	12.500.000
Postes, Télégraphes Téléphones et Radiotélégraphie	2.700.000
Instruction publique et Etablissements scientifiques	690.000

Saigon, Hanoi, Hué, ou Phnom-penh. Dans l'intervalle de ses sessions, le Gouverneur général est assisté par une *Commission permanente* du Conseil de Gouvernement.

QUESTIONS. — 89. — *Depuis quand l'Annam est-il placé sous le protectorat de la France ? En quoi consiste le régime du protectorat ? Quelles étaient les principales stipulations du traité de 1884 ?*

90. — *Quelles sont les réformes consacrées par les ordonnances royales de 1897 et 1898 ? Comment le Résident supérieur de l'Annam contrôle-t-il l'administration des Ministères ? l'administration provinciale ? Pourquoi les résidents des provinces convoquent-ils mensuellement les mandarins provinciaux ? Comment est administrée la ville de Tourane ?*

91. — *Qui fixe les dépenses et les recettes du budget ? Qui assure la répartition et la perception de l'impôt ? D'où provient la plus grande partie des recettes du budget de l'Annam ? Parlez des impôts directs. A quoi sont employés les revenus des impôts ?*

92. — *Quel est actuellement le représentant du Gouvernement français en Indochine ? Quelles sont les attribution du Gouverneur général ? Quels sont ses principaux collaborateurs ? Dites ce que vous savez du Conseil de Gouvernement.*

XXX. — L'ŒUVRE FRANÇAISE AU PAYS D'ANNAM ; LA MISE EN VALEUR DU PAYS.

93. — L'EXPLORATION. — Pour permettre aux indigènes de supporter plus aisément le poids des impôts nécessaires, les Français se sont préoccupés de mettre en valeur toutes les ressources du pays, et dans ce but, d'en faire au préalable l'exploration méthodique.

Ils savaient que le pays deviendrait d'autant plus riche qu'il serait mis en valeur par des hommes qui en connaîtraient mieux toutes les richesses. Et d'autre part, ils désiraient étudier attentivement les aspects naturels (montagnes, fleuves, végétation) et les populations d'une région du globe qúi leur était à peu près entièrement inconnue, afin d'augmenter encore leurs connaissances et d'ajouter un nouveau domaine au champ déjà si vaste de la science française.

Une première exploration importante fut faite dès 1866 par deux officiers de marine : DOUDART DE LAGRÉE et FRANCIS GARNIER qui, partis de Saigon, remontèrent la vallée du Mékhong et traversèrent le Yunnan, où Doudart de Lagrée mourut. L'expédition revint, sous la conduite de Francis Garnier, par la vallée du Fleuve Bleu et Changhai ; elle avait duré deux ans, et recueilli, chemin faisant, le long d'un itinéraire qui dépassait 10.000 kilomètres, une quantité considérable de renseignements de toute sorte sur les pays parcourus et les populations rencontrées. En outre, elle avait démontré que le Mékhong était trop peu navigable pour être une voie de communication pratique entre l'Indochine et la Chine. Francis Garnier pensa alors que le Fleuve Rouge fournirait peut-être cette voie de communication, et les événements ont confirmé son hypothèse.

Mais la plus importante des explorations de l'Indochine, à la fois par le temps qu'elle a duré et par le nombre de ceux qui y ont pris part, est celle qui a été dirigée par M. PAVIE. Pendant 15 ans, de 1879 à 1895, M. Pavie et ses 40 collaborateurs, savants, ingénieurs, officiers, administrateurs, ont parcouru l'Indochine à peu près en tous sens. Leurs nombreuses missions à travers le pays ont eu deux résultats très importants : d'abord l'installation du Protectorat français au Laos, puis l'établissement de la carte de l'Indochine.

Depuis une vingtaine d'années, il n'y a plus de grandes missions d'exploration en Indochine ; mais la France a institué, à leur place, des missions permanentes composées de savants qui continuent chacun dans une voie spéciale, l'exploration méthodique du pays pour en connaître chaque jour davantage le sol, le climat, la végétation, les populations avec leurs langues, leurs coutumes, leur histoire, etc.

Les principales de ces institutions sont :

Le *Service géographique* qui continue en partie l'œuvre de la mission Pavie et poursuit l'établissement de la carte détaillée de l'Indochine ;

Le *Service géologique* et le *Service des mines* qui étudient la constitution du sol et dressent l'inventaire de ses richesses minières ;

L'*Observatoire de Phu-liên* qui réunit toutes les observations relatives au climat faites sur divers points de l'Indochine et qui signale en particulier l'arrivée des typhons ;

L'*Ecole française d'Extrême-Orient* qui poursuit l'étude de l'archéologie, de l'épigraphie, de l'ethnographie, de l'histoire, des religions, du folklore, des institutions, des langues et des littératures de l'Indochine et de l'Extrême-Orient, et qui propose les mesures nécessaires à la conservation des monuments historiques de l'Indochine.

94. — L'ACCROISSEMENT DE LA PROSPÉRITÉ MATÉRIELLE. — Connaissant de mieux en mieux le pays, l'administration française, aidée par les colons français, a réussi à en augmenter la prospérité matérielle. Pour cela, la France a multiplié en Indochine les travaux d'irrigation, d'assèchement et de draînage ; elle a créé, peut-on dire, un réseau étendu de voies de communication qu'elle perfectionne chaque jour.

Autrefois les Annamites n'avaient à leur disposition pour communiquer entre eux, pour transporter d'un point à un autre les produits de leurs récoltes et les objets nécessaires à l'existence, que les routes de terre plus ou moins bien entretenues, les voies fluviales où l'on ne naviguait que par sampans. Les Français ont amélioré les routes, ils en ont construit et en construisent tous les jours de nouvelles ; mais surtout, ils ont introduit en Indochine les moyens de communication dus à la vapeur et à l'électricité : chaloupes, chemins de fer, tramways, automobiles. Les chemins de fer en exploitation en Indochine ont une longueur de près de 1.600 kilomètres (1), auxquels il convient d'ajouter 460 kilomètres pour la ligne du Yunnan entre Lao-kay et Yunnan-fou.

Le réseau de routes, de voies navigables et de chemins de fer est complété par environ 15.300 kilomètres de lignes télégraphiques qui relient entre eux les postes les plus éloignés de l'Indochine (2).

L'établissement des chemins de fer et le développement des routes ont facilité l'organisation du *Service des Postes*. Celui-ci assure le transport rapide entre les points les plus éloignés du pays et même de l'étranger, des correspondances écrites, lettres, cartes postales, etc., des imprimés, journaux, revues, livres, etc., et même de toutes sortes d'objets légers et de faible volume, ou d'argent sous forme de mandats ou de lettres chargées. Il compte 340 bureaux ordinaires et environ 500 bureaux de poste rurale. Grâce à cette organisation, plus de 30 millions de télégrammes, lettres, cartes, menus objets, etc., ont été échangés en 1917.

D'autre part, l'administration s'est efforcée d'améliorer les procédés de culture indigène. La culture du riz en particulier a fait des progrès considérables depuis l'arrivée des Français, surtout au point de vue de l'étendue des surfaces cultivées et de l'exportation.

---

(1) Voici le détail des lignes de chemins de fer actuellement exploitées :

Hanoi à Nam-quan.	167 kilomètres.
Hanoi à Bên-thuỷ (Vinh).	326 —
Saigon à Mỹ-tho	70 —
Saigon à Khánh-hoà (Nha-trang) . . .	464 —
Tourane à Đông-hà (Quảng-trị). . . .	175 —
Haiphong à Lao-kay	384 —

- (D'après les *Statistiques des Chemins de fer* dressées à l'Inspection générale des Travaux publics, pour l'année 1917).

(2) Il faut y ajouter une dizaine de postes de télégraphie sans fil, quelques câbles sous-marins, et près de 1.000 kilomètres de lignes téléphoniques.

En Cochinchine, la production annuelle du riz est passée de 5o.ooo tonnes à 2.000.000 de tonnes, année moyenne. En outre, grâce aux encouragements et aux conseils du Service de l'Agriculture, grâce aussi aux efforts des colons français, plusieurs autres cultures ont été essayées et se développent avec succès (maïs, coton, mûrier, ramie, jute, arachide, plantes à caoutchouc, plantes à parfums, café, thé, etc.). Les Français se sont également occupés d'améliorer l'élevage et de conserver les forêts en les exploitant avec discernement et profit.

Enfin, la grande industrie moderne (usines, distilleries, filatures, scieries à vapeur, etc.) a été inaugurée au Tonkin, surtout grâce aux capitaux des colons français ; elle fait vivre aujourd'hui plus de 5o.ooo ouvriers annamites.

95. — Le développement de l'instruction publique. — Mais il ne suffit pas à un peuple d'être riche, il faut qu'il soit instruit, car l'instruction est encore pour lui le meilleur moyen d'augmenter ses richesses.

Or, les Annamites qui, de tout temps, ont tenu l'instruction en très grand honneur, possédaient avant l'arrivée des Français de nombreuses écoles, et le mandarinat était réservé à ceux qui avaient subi avec succès les concours littéraires. Mais cet enseignement, purement chinois, n'apprenait aux Annamites rien de leur propre pays et surtout les laissait complètement ignorants des connaissances sans lesquelles un peuple reste aujourd'hui étranger à la civilisation moderne.

L'Administration française a entrepris d'améliorer cet enseignement indigène et surtout de le rendre plus profitable aux Annamites. Elle a organisé un enseignement franco-annamite, dont le but est de permettre aux Annamites de collaborer plus efficacement à l'administration, et à la mise en valeur de leur pays.

A la base de cette organisation, les écoles primaires élémentaires et les écoles primaires de plein exercice répandent dans toutes les provinces l'instruction primaire. Le nombre de ces écoles s'accroît d'année en année ; on en compte aujourd'hui plus d'un millier avec 5o.ooo élèves.

Les écoles ou collèges complémentaires donnent un enseignement primaire supérieur à plusieurs milliers d'élèves, qui se destinent soit au commerce soit à des emplois administratifs. Les écoles professionnelles et les écoles d'art forment de bons ouvriers, des contremaîtres, des artisans, nécessaires à mise en valeur du pays.

Pendant longtemps, l'enseignement primaire et l'enseignement complémentaire ont été réservés aux garçons ; depuis quelques années, grâce surtout à M. le Gouverneur général Sarraut, de nombreuses écoles ont été créées pour les jeunes filles annamites.

L'enseignement secondaire, dont les jeunes Annamites n'ont pu bénéficier jusqu'ici qu'à la condition de se rendre en France, leur est aujourd'hui ouvert en Indochine même, au Lycée de Hanoi et au collège de Saigon.

Enfin, grâce à l'élévation du niveau général de l'instruction, on a pu organiser en Indochine l'enseignement supérieur dont M. le Gouverneur général Beau a eu, dès 1906, la première idée, et en vue duquel il créa en 1907 l'Université indochinoise. L'idée de M. Beau a été reprise en 1916 par M. le Gouverneur général Roume, puis par M. le Gouverneur général Sarraut, qui a réalisé la création d'un certain nombre d'écoles techniques supérieures, dont l'ensemble constitue l'Université de Hanoi.

96. — L'ASSISTANCE MÉDICALE. — La France a voulu aussi faire profiter les Indochinois des bienfaits de la médecine européenne ; et pour cela elle a créé le service de l'Assistance médicale. Son but est de répandre parmi les indigènes les connaissances élémentaires de l'hygiène ; de les préserver, par la vaccine, de la variole qui cause parmi eux tant de ravages ; de donner à tous ceux qui le désirent des consultations gratuites ; de recevoir enfin, dans des ambulances ou des hôpitaux spécialement aménagés, les malades qui ont besoin de soins particuliers ou qui doivent subir une opération chirurgicale.

Ce service est assuré par une centaine de médecins européens civils ou militaires, aidés de quelques jeunes médecins indigènes qui ont suivi à Hanoi les leçons des professeurs de l'École de médecine de l'Indochine. Leur nombre s'accroît chaque année, et déjà ils ont fait apprécier leur valeur par la population.

D'autre part, l'Assistance médicale dispose de sommes importantes qui, en 1917, ont dépassé quatre millions de piastres, et qui proviennent, pour la plus grande part, de subventions du budget, mais aussi de dons de particuliers ; c'est en Cochinchine surtout que la générosité et l'initiative privées jouent le rôle le plus actif et le plus considérable. A Saigon, à Chợ-lớn, et dans la plupart des provinces, des associations de bienfaisance se sont formées pour créer et entretenir des œuvres d'assistance. La plupart des donataires sont de riches commerçants annamites ou chinois ; on ne s'adresse jamais en vain à eux lorsqu'il s'agit de fondations dont ils voient le fonctionnement et dont ils comprennent l'utilité.

En 1917, l'Assistance médicale a exercé son activité dans 184 établissements (postes médicaux, hôpitaux, maternités, crèches, etc.) ; elle a hospitalisé plus de 91.000 personnes, donné près de 2.400.000 consultations à 840.000 malades, et assuré plus de 2.500.000 vaccinations.

QUESTIONS. — **93.** — *Pourquoi les Français ont-ils entrepris l'exploration méthodique du pays ? Comment a-t-elle été faite ? Citez les principales missions d'exploration. Par quelles institutions ont-elles été remplacées ? Citez les principales de ces institutions en indiquant leur rôle.*

94. — *Comment la prospérité matérielle du pays a-t-elle été accrue ? Parlez des voies de communication ; citez quelques chiffres. Parlez du service des Postes. Comment les procédés de culture ont-ils été améliorés ? Quelles cultures nouvelles ont été introduites ? La grande industrie a-t-elle été introduite en Indochine ?*

95. — *L'instruction était-elle en honneur avant l'arrivée des Français ? L'administration française a-t-elle amélioré l'enseignement ? Parlez de l'enseignement franco-annamite. Quelles améliorations ont été réalisées sous le gouvernement de M. Sarraut ?*

96. — *Qu'est-ce que le service de l'Assistance médicale ? Quel est son but ? Comment est-il assuré ? Quelles sont les ressources de cette institution ? Quels sont ses résultats ?*

CONCLUSION

Nous avons essayé, dans les lectures qui précèdent, de marquer les principaux faits de l'histoire du pays d'Annam, depuis l'avènement des Lê jusqu'au moment où il s'est placé sous la protection de la France.

Le trait le plus important de toute cette histoire, celui qui mérite le plus d'être retenu, c'est *la tendance vers l'unité* qui s'était déjà manifestée à diverses époques de l'existence du peuple annamite, mais qui ne reçut un commencement de réalisation que sous Gia-long, aidé par les Français.

Non seulement en effet, les Français ont effectivement contribué aux victoires de Gia-long, mais ils ont fait reconnaître l'indépendance de l'Annam par la Chine, qui depuis des siècles exerçait sa suzeraineté et qui, même aux périodes d'indépendance, n'avait jamais cessé de considérer l'Annam comme un pays tributaire. Ils ont en outre agrandi le pays d'Annam en lui unissant le Cambodge et le Laos et en faisant de l'Indochine française comme une grande famille dont les Annamites seraient les aînés.

Enfin, c'est grâce à l'intervention française que le pays d'Annam unifié et élargi, a accru ses richesses au point de devenir un des pays les plus actifs et les plus prospères de l'Extrême-Orient.

Aussi les Français sont-ils persuadés que rien n'est plus désirable pour le développement et la prospérité du pays d'Annam que la collaboration sans cesse plus étroite des Annamites et d'eux-mêmes.

C'est d'ailleurs ce que disait, il y a quelques années, au peuple annamite M. le Gouverneur général Beau.

« Nous sommes venus dans ton pays suivant la trace de nos ancêtres qui, depuis deux siècles, fréquentaient ton rivage. Nous sommes venus, poussés par le même esprit d'aventure, par le même besoin d'expansion qui t'a poussé toi-même à quitter la terre natale pour venir disputer celle-ci à ses premiers occupants.

Ignorant tes mœurs et ton histoire, nous croyions apporter à un peuple barbare les bienfaits de notre civilisation supérieure.

Et nous nous sommes heurtés dans un long et sanglant conflit.

Aujourd'hni, nous nous connaissons mieux et nous commençons à nous comprendre.

Nous nous sommes rencontrés sur les champs de bataille et nous avons su braver la mort.

Nous avons parcouru tes champs, tes rizières, tes collines, et partout nous avons admiré ton labeur incessant.

Nous sommes entrés dans ta cité, et nous l'avons trouvé fondée sur une admirable organisation communale.

Nous sommes entrés sous ton toit, et nous y avons trouvé le respect de la famille et le culte des ancêtres.

Nous avons visité tes temples, et nous y avons lu quelques-unes des plus belles maximes dont s'honore l'humanité.

A ton tour, peuple du Tonkin et de l'Annam, comprends-nous !

Nous ne prétendons t'imposer ni nos mœurs, ni nos coutumes, ni nos croyances.

Nous t'apportons les deux bienfaits qui t'ont fait défaut jusqu'ici : la Science, créatrice de la Richesse, et la Force, gardienne de ses biens.

Voici nos colons qui t'initieront à tous les secrets de la science occidentale. Par eux tu connaîtras le travail de la machine et tu apprendras comment les forces de la nature peuvent être asservies à l'homme pour alléger son travail.

Nos intérêts vont se mêler aux tiens ; notre richesse sera ta richesse ; et de même notre force sera ta force.

Contre l'ennemi du dehors jaloux de la fertilité de ton sol et du labeur infatigable de tes enfants, nous t'apportons le secours de notre épée.

Nos intérêts sont confondus désormais et étroitement unis. Un nouveau pacte se fait entre nous, pacte librement consenti pour la défense des biens communs.

Ton histoire se mêle à la nôtre, et c'est par nos fils unis aux tiens que s'achèvera ta destinée historique. »

Les Annamites ont très bien compris que leur sort était lié à celui de la France. Le loyalisme de leur attitude au cours de la grande guerre, l'importance de leur contribution en soldats, en ouvriers, en argent, en matières premières pour les besoins de la défense nationale en sont autant de preuves éclatantes. Et l'attachement de plus en plus profond des Annamites à la France protectrice, au lendemain de cette guerre qui aura scellé dans le sang le pacte d'union, ne peut que hâter l'acheminement du peuple d'Annam vers les destinées les plus hautes que prévoyait M. le Gouverneur général Beau.

TABLE DES MATIÈRES

QUATRIÈME PARTIE

1

L'histoire de l'annam est écrite et fixée par les annales annamites, mais les récits officiels des ~~faits administratifs~~ sont sans contrepar[tie] critique, aussi M. M. s'est-il attaché à les rappro[cher] dans son "histoire moderne", des sources européen[nes] relations ~~variées~~ de missionnaires, ~~relations~~ de navigate[urs] ~~compte rendus~~ de commerçants; et de tous autres Europé[ens] attirés ~~en~~ Extr. Orient pour des causes diverses. ~~L'ouvrage est très documenté et d'une grande exactitude.~~

L'auteur ouvre l'histoire du pays d'annam à la restauration de la dynastie des Lê (déc. 159[2]) et la poursuit pendant 227 ans jusqu'à la fin du règne Gia-long (1820), de la dynastie actuelle des Nguyen.

Pendant près de deux siècles le royaume d'Anna[m] est entre les mains de deux familles rivales qui se sont partagé le pays et qui le gouvernent au nom du ~~souverain~~. Ces sortes de " shogun " ou de " maires du palais " prennent le titre ~~de~~ d'administr[ateurs] généraux du royaume ". ~~Ils sont choisis dans~~ Ce sont les Trinh (1593-1787) pour le pays annamite par excellence (Tonkin) et les Nguy[en] (1529-1777) pour l'ancien pays du Cham-pa (Cochinch[ine]) gagné peu à peu à la colonisation annamite.

Dans le dernier ~~pre~~ quart du XVIII s., la rébellion des Tây-so'n, partie du Sud (1777), ~~s~~ s'étend au Nord (1787) et renverse les deu[x] " maires du palais " et la dynastie des Lê (1787[)]

Au milieu des luttes intestines, seule, la fam[ille] princière de Cochinchine a pu sauver quelques u[ns] de ses rejetons; mais ceux-ci ~~vivent~~ ont dû fuir en fugitif[s] dans les marécages et les îles situés au delà d[es] bouches du Mékhong. C'est dans cette région, alors habitée par des Cambodgiens et des Chinoi[s] ~~que le descendant des Nguyen de Hué fait la connaissance de celui qui l'aidera à recouvr[er] le trône de ses ancêtres. Le sauveur est Pigneau de Béhaine, évèque d'Adran~~ c'est à lui qui la

CRÉDIT FONCIER
DE FRANCE

SECRÉTARIAT GÉNÉRAL

COURRIER

Numéros des plis :
97

Adresse Télégraphique :
CRÉFONCI-PARIS

Paris, le 13 Mars 1910.

Monsieur

J'ai l'honneur de vous accuser réception des valeurs ci-après désignées, qui me sont parvenues ce jour : pour être encaissées. Un chèque de Deux cents francs

Agréez, Monsieur, l'assurance de ma considération très distinguée.

Pour le Gouverneur :
Le Secrétaire Général,

Monsieur Madrolle
à Neuilly, (Seine) 95 Av. du Roule

1904-C.F. Courrier — Paris. — Imp. Paul Dupont (Cl.),547.10.1919 (8 co.)

e le prétendant, Nguyen Anh, fait la connaissance ~~que~~ de celui qui l'aidera à recouvrer le trône de ses ancêtres. Ce sauveur des Nguyen ~~de Hué~~ ~~Hué~~ est Pigneau de Behaine, évêque d'Adran. ~~Le prince fugitif~~ La France avait depuis ~~longtemps des missionnaires en Indochine et l'intervention de Louis XIV au Siam un siècle auparavant pouvait faire espérer au prince fugitif que la cour de Louis XVI.~~ L'Indochine n'était pas une terre inconnue pour ~~les Français~~ la France; celle-ci y entretenait depuis longtemps des missionnaires ~~enfin l'intervention de~~ et était ~~intervenue sous~~ Louis XIV, dans les affaires du Siam ~~et~~ ~~siècle des Indes~~

Nguyen Anh ~~mit~~ tous ses espoirs en l'évêque d'Adran et le chargea d'une mission politique à la cour de Louis XVI. C'était une mission délicate; elle ne réussit qu'à force de courage et de ténacité. Le missionnaire ~~partit~~ quitta la Cochinchine à la fin de 1784; il ~~n'y fut revenir~~ que 4 ans ~~plus tard après~~ ~~avoir réuni~~ les subsides, ~~le~~ matériel et les hommes qui permettront au prétendant annamite de reconquérir la Cochinchine, puis de ~~conquérir~~ le Tonkin. Enfin en 1802, Nguyen Anh est maître des populations de culture annamite et prend un titre de règne (Gia-long). ~~et organise son empire.~~

M. M. a réuni une documentation abondante qui donne une grande valeur à son ouvrage; il s'est particulièrement ~~étendue~~ sur l'intervention française ~~l'arrivée des Européens~~ ~~qui amena l'établissement des Nguyen sur le trône de Hué.~~ ~~et sur l'administration~~ et sur l'organisation ~~annamite~~ administrative de l'Annam rénové par le fondateur de la nouvelle dynastie.

la Lèpre

La lèpre est une maladie épidémique [endémique] qui paraît avoir
existé au Cambodge depuis des ~~époques éloignées~~ puisque
les ~~annales~~ ~~et les~~ ~~inscriptions~~ citent cette affection
~~dès les premiers~~ temps historiques.
à l'aube des

Les cambodgiens qui habitent la plaine alluviale
en sont souvent atteints
tandis que les populations ~~ont~~ indonésiennes qui les entourent
paraissent ~~en~~ être épargnés du fléau.
~~Comme introduction~~ ~~en matière de préface~~ à leur travail, les auteurs présentent
~~Les auteurs font d'abord un aperçu ethnographique des~~
~~populations cambodgiennes~~ ~~très étendu mais~~ ~~qu'ils basent trop sur les~~
~~légendes que sur des études anthropologiques~~
qui aurait ~~gagné~~ ~~plus~~ à être basée ~~davantage~~ ~~plus~~ sur des
études anthropologiques que sur des légendes. Les
Cambodgiens, avec leur brachycéphalie ~~très réelle~~ ~~caractéristique~~,
constituent un peuple ~~bien~~ distinct des Indonésiens
qui les entourent ; il est donc difficile d'écrire que les dolicos ou mésocéphales
Samré puissent être "les ancêtres de la race" Indonésiens
tout au plus pourrait-on ~~dire~~ (qu'ils ~~sauvages cambodgiens~~ ~~étaient les~~) pourraient être les
avancer (sans preuve)
premiers occupants...
Ceux-ci des forêtiers, ceux-là des riparaires.

— la lèpre est une maladie infectieuse, bacillaire à évolution
lente

Ils proposent l'isolement des contagieux dans une île du
Mékhong en mettant à leur disposition des instruments
aratoire

— la lèpre est une affection contagieuse, mais nullement héréditaire ;
elle ~~peut être~~ pourra disparaître lorsque l'on aura enseigné
ce qui doit être l'hygiène familiale

— Les auteurs.
La densité de la population est un des premiers facteurs de la
diffusion que la maladie

— Cette étude a été ~~très~~ écrite pour critiquer certaines théories
émise au Cambodge sur l'évolution de la lèpre ; elle ~~suscite~~ nécessite
un ensemble de faits nouveaux ~~à propos des~~ ~~aux théories~~ à propos de la
contagion et de l'hérédité de la lèpre.
On évalue le nombre des lépreux à 1.100 sur une population de
1.800.000 hab.
mais sans qu'il soit possible d'assurer si la lèpre progresse ou régresse

La lèpre est une maladie microbienne, essentiellement humaine qui s'attache à l'homme sans autre raison étiologique que son affinité même pour l'homme.

Ce travail a été fait pour répondre à certaines théories du Dr Barbezieux au sujet de l'endémie de la maladie au Cambodge et entre autre à cette idée que son évolution est en rapport direct avec la constitution même des régions infestées.

M.M. M. et B. s'attachent à démontrer que rien dans le sol et les eaux du Cambodge, au point de vue chimique, n'est susceptible d'avoir une influence quelconque sur l'organisme humain [le développement de la lèpre est dû ...] et mais que l'existence d'un germe spécifique [engendre] la maladie à la faveur de circonstances spéciales, de modifications des caractères physiques, chimiques ou biologiques des milieux, qui agissent [cette maladie bacillaire] et qu'un des premiers facteurs de la diffusion de la lèpre est la densité de la population.

Ils en concluent que pour arrêter l'explication de cette maladie infectieuse il y aurait lieu d'isoler les contagieux, tout en les laissant vivre des produits de leur travail en sol fertile étant qu'on estime au nombre de 4.500 ...

Ils proposent qu'on choisisse une [île] du Mékhong, d'où les [populations malades] ne pourraient facilement s'évader, mais où ils fourraient facilement vivre du produit de leur [travail] industrie ou pêche, ou rizerie, plantations (cocotiers, kapokiers, etc)

Par contre, l'étude à fond de la lèpre est assise sur une meilleure recherches et une importante documentation

Elle a été fut contrefaite pour répondre à certaines théories, du Dr Barbezieux, établies en dehors de toute connaissance de géographie médicale, et pour et en autre à cette idée que l'évolution de la maladie est en rapport direct avec la constitution même des régions infestées.

Atlas postal de Chine. 47 cartes.
Peking. 1920

La topographie de l'empire chinois n'a encore été qu'effleurée, aussi les cartes basées sur des lignes coordonnées sont-elles peu nombreuses. Nous devrons donc encore longtemps nous contenter de cartes partielles de détail et de travaux d'ensemble d'inégale valeur.

La "China Inland Mission" avait tenté un atlas par provinces, au 3.000.000, mais ici la bonne volonté ne pouvait suppléer au manque de spécialistes; cet ouvrage reste un essai.

Le service postal chinois vient de livrer au contraire, avec des moyens plus complets, un atlas postal tout à fait méritoire et digne du service particulier auquel il s'adresse. On sait que par la convention (7 mars 1898), la Chine s'était engagée à mettre un Français à la tête de l'administration postale chinoise lorsque cette dernière serait créée. Piry en fut son premier directeur; M. Picard-Destelan lui a succédé (1917) et a déjà la direction de cette administration.

C'est sous la direction de ce dernier que vient d'être édité le premier atlas de la Chine mis à la portée des Européens.

L'ouvrage compte 47 cartes en couleurs, avec légendes en chinois, en anglais et en français. On a distingué les parcours postaux par voies de rail, de terre et d'eau au moyen de traits et de coloris différents et la distance en li est chiffrée entre chaque ville. Les sièges de bureaux de poste sont écrits en caractères chinois et on a ajouté pour les centres principaux une transcription latine. Les cartes provinciales sont établies au 900.000ᵉ et quelques cartes de détail au 300.000 et au 450.000; certaines cartes d'ensemble (Mandchourie, Tibet, etc) sont au 2.500.000. Un index des localités indique en appendice

leurs latitude et longitude, mais comme il est dit dans l'a[...] ces
valeurs ne sont qu'approximatives et quelques-
unes eussent gagné à être puisées dans les
relevés d'Audemard, de Clementi, et dans
l'almanach de Zikawei.

Avec ses cartes très nettes et tous les renseignements, l'atlas dépassera la [...]
de ses auteurs ; il ne sera pas seulement utile
aux postiers, mais aussi à tous ceux qui s'intéressent
à la géographie de l'Extrême Orient car l'ouvrage
se présente comme un excellent Routier de Chine.

Nous terminerons par un regret. Celui de constater
que la transcription chinoise employée par la poste
ne semble reposer sur aucune règle définie car on lit
par exemple "Sien-hien" pour "Hien-hien"
formé cependant de deux syllabes identiques comme son
et comme ton ! Wade, Williams, Vissière, etc,
nous ont cependant donné la clé de leur transcription.
Nous ne doutons pas que la nouvelle direction n'entreprenne
un jour la révision des noms géographiques chinois
en se basant sur une transcription scientifique

Ce - M,

Les Atlas sur la Chine ne manquent pas, mais ils
sont peu accessibles aux Européens parce qu'ils sont
écrits en caractères chinois. généralement

Parmi les ouvrages étrangers nous pourrions citer l',
Atlas de Richthofen, les cartes éditées par les armées
anglaise, allemande, française, enfin l'atlas de la
China Inland Mission, mais tous ces travaux sont ou
incomplets ou insuffisants.
inachevés

CRÉDIT FONCIER DE FRANCE — Paris, le [...] 1910

[illegible]

<u>Maybon et Russier</u>

Le livre s'adresse à la population scolaire de l'Indochine et particulièrement à celle de culture annamite. Les aut~~ont cherché à rendre cet ouvrage~~ se sont attachés à rendre la lecture intéressante en ~~s'appliqua~~ ~~develop~~ ne s'attacha qu'aux ^hommes et aux^ faits principaux de l'histoire du pays d'annam.

L'ouvrage se divise en 4 parties: 1° ~~de l'avènement de la~~ dynastie des Lê (les mac, les Nguyen, les Trinh, la révolte des Tây-son); 2° le traité de Versailles et l'avènement de la dynastie des nguyên avec le règne de gia-long; 3° le règne de Minh-mang, celui de Thiêu-tri et celui de Tu-duc; l'intervention française; 4° le développement du protectorat français, le gouvernement annamite, la mise en valeur du pays.

---

nouvelle édition d'un ouvrage scolaire ~~qui s'adresse surtout~~ ^à l'usage^ 2- de la population de culture annamite. Les auteurs ont cherché à rendre la lecture intéressante en ne s'attachant qu'aux hommes et aux faits principaux de l'histoire du pays d'annam.

Popok Vil

L' Indochine, qui a presque la superficie totalité de la France et de l' Italie continentales, étend son territoire sur plus de 14° de latitude, c'est-à-dire sur autant de degrés qu'il y en a ~~qu'il y en a comptée~~ entre Dunkerque et Palerme.

~~Cependant les~~ populations originaires de ces ~~régions~~, ~~transplantées dans des climats nouveaux s'acclimatent mal~~ On sait que l' Européen ~~vit difficilement~~ transplanté dans les régions équatoriales, ~~y~~ supporte difficilement le climat auquel sa constitution ~~ne~~ convient pas mal.

Aussi les puissances métropoles ~~coloniales~~ ont-elles généralement cherché à rendre la vie coloniale plus supportable à leurs nationaux en aménageant ~~aux lisières lointaines~~ des sites alpestres dont le climat ~~moyen~~ peut se rapprocher de celui ~~de leur~~ ~~pays d'origine~~ tempéré de l' Europe.

Tout le monde a entendu parler des stations d'altitude de Darjiling, Simla, Schillong, Ootacamund (aux Indes), Nuwara Eliya (Ceylan) organisées par les anglais, de Tosari (Java) par les Hollandais, de Baguio (Philippines) par les Américains; ce sont des modèles d'installation où l'armée de terre, ~~et~~ le gouvernement civil, avec tous les services (qui européens en dépendent, ont leurs cantonnements, leurs lieux de travail ~~comme leur~~ et de jeux.

Les Français d'Asie ont été ~~plus~~ longs avant de se convaincre ~~de la~~ de l'utilité ~~nécessité~~ de ~~créer~~ des sanatoria ~~stations~~, où ~~leurs nationaux~~ ils pourraient trouver ~~trouveraient~~ les conditions d'existence plus favorables à leur moral et à leur santé. Cependant quelques uns de ces sites s'aménagent lentement: le Tam-dao au Tonkin, le Lang-bian dans le Sud-annam. Le Cambodge, qui est plus vaste que le bassin de la Seine, n'avait pas encore de station d'altitude. Il l'a trouvé, non loin de Kampot ~~non loin de Kampot~~, dans la chaîne de l'Éléphant, à ~~Popok Vil~~ ~~30 kilom.~~ Bokor (1.000 mèt. d'alt.) dans un site d'accès facile, ~~à 30 kil. de Kampot~~, et face à la mer bleue.

M. B et M. J. ont fait un gros effort pour recon~~naître~~ le site et l'étudier ~~le site~~ au point de vue climatologique ~~et pour convaincre le gouvernement cambodgien de~~ ~~choisir de cette station, au "le climat est parfois~~ ~~si doux, le ciel si beau, que la France~~ ~~paraît moins lointaine".~~

<u>Cl. m.</u>

Par sa situation, la station peut être classée ~~dans les sit~~ ~~dans~~ bi climats maritimo-~~alpestre~~. Le Cambo~~dge~~ vient d'en faire son sanatorium officiel ; là, "le ~~ciel est si beau~~ climat est parfois si doux le ciel si beau, que la France paraît moins lointaine ".

Cl. m.

Popok Vil   station d'altitude.

L'Indochine (qui a presque la superficie de la France et de l'Italie) s'étend sur plus de 14° de latitude, c'est à dire sur autant le degrés qu'il s'en présente entre Dunkerque et Palerme. Dans ces vastes étendues les climats sont très variés, cependant les populations originaires de ces régions d'Europe ou d'Asie s'accommodent mal des milieux atmosphériques dans lesquels transplantées dans des nouveaux milieux des climats par trop différents et les Européens (entre autres) supportent difficilement le climat du type subtropical.

Les Anglais aux Indes, les Hollandais à Java, les américains aux Philippines ont recherché depuis longtemps dans leurs colonies des sites alpestres ou d'altitude qui rappellent par la température le climat de leur pays d'origine. Les services administratifs y ont créé des stations remarquablement installés : Darjeeling, Simla, Schillong, Ootacamund, Newara Eliya, Tosari, Baguio : armée de terre, gouvernement civil, tous les services ont leurs cantonnements.

Par sa situation géographique, l'Indochine est devenue une notre colonie asiatique.

L'Angleterre, la Hollande, l'Amérique ont mieux que la France de colonies dans les régions tropicales. Les premiers ont reconnu depuis longtemps la nécessité de rechercher dans les sites alpestres des stations dont l'altitude présenterait un climat se rapprochant de celui.

On sait que l'Européen vit difficilement dans les régions équatoriales et subtropicales aussi les puissances coloniales ont-elles généralement cherché à rendre la vie plus supportable à leurs nationaux établis sous les tropiques en aménageant des stations alpestres.

Les Français ont été plus longs à se décider à créer ces stations où leurs nationaux trouveraient des conditions d'existence plus favorables à leur moral et à leur santé. Ce n'est point cependant que ces sites manquent en Indochine — le Traninh, le Langbian, le Tamdao ont été depuis vingt ans reconnus explorés pour se convaincre de la nécessité de créer ces

Aujourd'hui certains sites s'aménagent lentement comme celui de Tamdao au Tonkin et du Langbian d'autres années. Le Cambodge n'avait pas encore son sanatorium. Il l'a trouvé dans la chaîne de l'Éléphant, non loin de Kampot, à Bokor (1000 mèt. d'alt.) face à la mer bleue dans un site d'accès facile et face à la mer bleue.

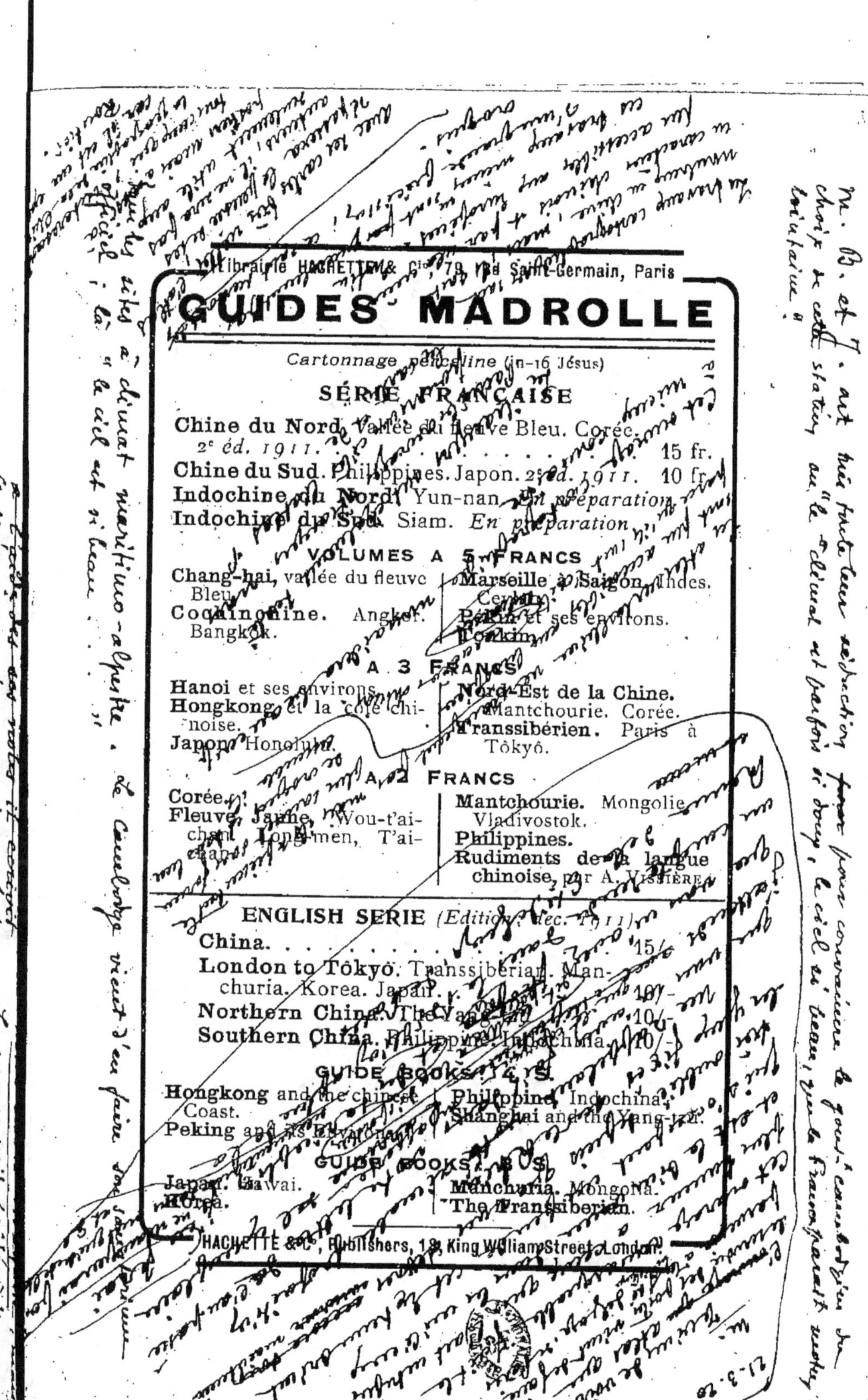

de la Bissachère

Mr de la Bissachère, missionnaire ~~surtout au~~ ~~Nghe-an (Annam)~~, évangelisa ~~pendant 16 ans en~~ Indochine (à une époque où les persécutions florissa[ient] (1790-1807)

Le climat, la vie difficile au Nghe-an finirent par ébranler ~~ébranlèrent~~ la santé [du] missionnaire qui dut quitter l'~~Annam~~ pour ~~prendre à~~ Macao ~~dans l'~~ ~~un bât attendant d'en~~ navire pour l'Europe.

Pendant son séjour dans la colonie portugaise, ~~Mr~~ de la Bissachère rencontra ~~un officier de la~~ Renaud de Ste Croix, officier français en service aux Philippines, et lui remit ~~[ce dernier]~~ un manuscrit ~~sur l qui parut en partie dans~~ sur le pays d'annam.. R. de Ste Croix ~~en détacha une partie~~ s'inspira de ~~cette étude~~ ce travail dans son livre [paru en 1810] ~~Voyage~~ commercial et politi[que] aux Indes... avec des notions sur la Cochinchine et le Tonquin. Plus tard, le missionnaire étant arrivé à Londres y fit la connaissance de M. de Montyon et lui communiqua ses notes sur l'annam.

Elles parurent à [Londres] sous ce titre : Exposé statistique [en 1811] [de seconde main] du Tunkin, de la Cochinchine... par M. M-N. sur la relation de M. de la Bissachère, missionnaire dans le Tunkin, puis à Paris en 1812 État actuel du Tunkin, de la Cochinchine...

M. M., en fouillant nos divers ~~archives~~ dépôts d'archives, a enfin retrouvé le ~~manuscrit~~ texte [primitif] du missionnaire ~~qu'il~~ le livre ici avec de nombreuses notes. Cette publication est intéressante car elle nous renseigne sur l'histoire ~~...~~ du pays d'annam ~~à l'époque des Tay-son~~ pendant la guerre des Nguyen contre les Tay-son.

Au milieu des luttes intestines,

Seule, la famille princière de Cochinchine
a pu sauver quelques uns de ses rejetons;
mais ceux-ci poursuivis à la recherche de fidèles
ont dû se retirer dans les marécages d'un gîte et
au delà des bouches du Mékong.
et même dans les îles.

C'est dans cette région, peuplée de
par des Cambodgiens, que le prétendant Nguyên Anh
et des Chinois,
fait la connaissance de celui qui l'aidera à recouvrer
le trône de ses ancêtres.
Le sauveur est
Pigneau de Béhaine, évêque d'Adran,
est ce sauveur Nguyen Anh le charge d'une mission
en France (fin 1784) pour tâcher de politique
l'argent, l'armement et les officiers qui
d'intéresser la cour et le peuple au sort du malheureux
du royal fugitif et lui procurer les moyens qui

L'ouvrage de M. M. s'étend longuement sur le
voyage du missionnaire français à Pondichéry et
à Paris s'emploie l'intervention française au Siam
mission délicate qui sans avoir les résultats de
où il reviendra quatre ans plus tard avec des
subsides, du C'est ce secours fran.
secours en matériel et des hommes. qui permettront
d'écraser les usurpateurs vaincre les rebelles de
lui permettra au prétendant de reconquérir la Cochinchine, puis
de conquérir le Tonkin. Nguyen Anh (1802) prend
ayant réuni sous
titre de règne (Gia-long) son sceptre tous les
prend un peuples de culture
et s'organise son empire. annamite,

M. M. a réuni une documentation
abondante et ordonnée qui fait de son livre donne une grosse
considérable
valeur à son ouvrage. Il recherche En étudiant les
Il s'est attaché à conter en détails l'histoire de l'interv
par le
française en Annam, arrivant un siècle après
celle de Louis XIV au Siam, et l'avènement
établissement de la dynastie des Nguyen.

SOCIÉTÉ
DE
GÉOGRAPHIE
FONDÉE EN 1821
Reconnue d'utilité publique en 1827
Boulevard Saint-Germain, 184
PARIS (VIe)

Téléph. : Saxe 25-24

Paris 9 . 11 . 1920

Cher Monsieur

J'ai reçu les 3 volumes
suivants :

1) Ch. B. Maybon et H. Russier. Lectures
sur l'histoire d'Annam

2) Ch. B. Maybon. Histoire moderne
du pays d'Annam

3) Du même. La relation sur le Tonkin
et la Cochinchine de Mr. de la Bissachère

Pourriez-vous en dire quelques
lignes (un petit compte-rendu séparé
pour chacun) pour une de nos plus
prochaines bibliographies. Si oui,
les ouvrages sont à votre disposition.
Veuillez agréer, cher Monsieur,
l'assurance de mes meilleurs sentiments

J. Reizler

10, Rue du Commandant Rivière, 8e
le 14 février 1920

Cher Monsieur,

M. Reigber m'apprend
que vous voulez bien faire
un compte rendu de mes
thèses et de mes "lectures"
pour la société de géographie
Je tiens à vous en remercier
sans retard et à vous dire
que je serai très heureux

de l'École Navale…

Que de temps, – que
de choses depuis !

Je vous serai bien
reconnaissant de vouloir
me donner un rendez-vous
je m'y rendrai avec un
grand plaisir

Et veuillez croire, Cher
Monsieur, à mes sentiments
les plus distingués

Charles Maybon

P.S. Je vous fais envoyer
un exemplaire des 3 bouquins

... Que mes ouvrages soient
présentés par vous aux lecteurs
de "la Géographie", d'abord
parce qu'ils le seront avec
compétence, ensuite parce
que je serai enchanté de
pouvoir, à cette occasion,
renouer avec vous des relations qui datent déjà de
quinze années, — car vous
vous rappelez peut-être
que c'est en 1905 que
j'allais vous voir au
Gouvernement Général à
Hanoi, pour vous parler